SCANDALEUSE SARAH

DE LA MÊME AUTRICE

Meghan ou le désespoir des princesses, L'Archipel, 2022.

Les Nuits blanches de Marcello, Grasset, 2017.

Truffaut et les femmes, Grasset, 2016.

Grace de Monaco, la glace et le feu, Grasset, 2013 ; Archipoche, 2022.

Ava, la femme qui aimait les hommes, Robert Laffont, 2012.

Jean-Paul Gaultier, punk sentimental, Grasset, 2010.

ELIZABETH GOUSLAN

SCANDALEUSE SARAH

La folle vie de Sarah Bernhardt

l'Archipel

Notre catalogue est consultable à l'adresse suivante :
www.editionsarchipel.com

Éditions de l'Archipel
92, avenue de France
75013 Paris

ISBN 978-2-3590-5362-3

À te voir marcher en cadence,
Belle d'abandon,
On dirait un serpent qui danse
Au bout d'un bâton.

« Le Serpent qui danse »,
Charles Baudelaire, *Les Fleurs du mal*

SORTIE DE SCÈNE

C'est un petit matin de mars, habillé de printemps. Le vent glacial de la nuit a chassé les nuages, un ciel bleu céruléen ceinture la capitale. Derrière sa fenêtre, Julia observe le panorama. Il est splendide. Le thermomètre n'affiche que 3 °C, il fait froid mais le soleil caresse les façades blanches et cossues du VIIIe arrondissement. La plaine Monceau étincelle. On ne pouvait choisir plus belle lumière pour une dernière représentation. Sarah aura donc tout réussi du début à la fin, songe Julia, même sa sortie de scène ! À se demander si elle n'a pas répété ses funérailles, qui commencent dans quatre heures. Rédigé les discours qui seront lus devant sa tombe. Distribué les rôles principaux – le chauffeur du corbillard, les petites orphelines escortant le cercueil, la famille au premier rang, les délégations ministérielles. Programmé la dramaturgie et les costumes. Commandé les décorations florales et dicté aux éclairagistes du ciel une série de consignes pour éclairer le spectacle. À cette magicienne dont les désirs sont des ordres, nul n'a jamais su résister.

Un sourire aux lèvres, Julia imagine le phrasé autoritaire, les ordres scandés de l'ensorceleuse martelant le sol de sa canne. « Je veux, non, j'exige un temps splendide ! C'est compris ? Un ciel délavé d'azur, quelque chose d'antique ou d'oriental. Une météo racinienne. Et surtout, rien de triste ! Le public veut de la gaieté et de l'entrain avant tout ! » Régner sur les forces telluriques, organiser le cosmos, convoquer des chimères occultes post mortem, cet esprit indomptable en est capable. Julia en est presque sûre, elle l'a vue maintes fois soulever des montagnes.

Il est 9 heures. De la rue du Général-Foy au boulevard Pereire, adresse de Sarah, il n'y a que vingt minutes de marche. C'est décidé : elle ne demandera pas au chauffeur de la conduire pour saluer une dernière fois sa meilleure ennemie. Elle préfère s'y rendre seule, à l'abri des regards. Incognito. Aujourd'hui, ce désir d'anonymat lui paraît risible, presque stupide. Parmi la foule des admirateurs de Sarah, on ne la reconnaîtra même pas : un visage parmi les autres, une silhouette éplorée, une figurante, un aromate dans le bouillon ; voilà ce qu'elle est. De son vivant, Sarah a pris grand soin de réduire en miettes toutes ses rivales. Morte, c'est peut-être pire.

À Julia Bartet, grande sociétaire de la Comédie-Française, un as, une pointure du répertoire, elle a toujours su faire de l'ombre. Certes, les hommages pleuvaient dans la presse et les brassées de fleurs de ses admirateurs s'amoncelaient les soirs de première, au 36 de la rue du Général-Foy. Un jeune critique fou amoureux la surnomma même « la divine », mais

Sarah s'en fichait. Les journalistes de *Comœdia* – c'est bien connu – écrivent n'importe quoi. La divine, la diva, la plus que sublime, c'est Sarah et seulement Sarah. En accélérateur de particules, elle capte toute la lumière, aspire l'air du temps, petit vampire glouton. Pour les autres, il ne reste rien. Même Réjane fut impitoyablement évincée. « Géniale à volonté », répète Sacha Guitry, qui ne s'embarrasse pas d'euphémisme pour décrire sa grande dame.

Oui, Julia marchera seule sur cette portion de trajet. Elle ne croisera pas grand monde. Les gens du peuple afflueront par la Bastille et les rues qui mènent à la place de la République. La plaine Monceau sera préservée de la cohue. Sa femme de chambre a déposé la tenue qu'elle lui a indiquée la veille. Comme toujours, elle fait confiance à Poiret qui sait la rendre séduisante, simple et fraîche. Ce cher Paul ! Vingt ans qu'il lui cisèle des jupes qui raccourcissent ou rallongent au gré des modes. Son mètre soixante-neuf, son port de tête, ses hanches fines de garçon, ses jambes de faon font d'elle la muse officieuse du grand couturier. Sarah l'ignore. Si elle le savait, elle en ferait une jaunisse. Oh ! comme il est difficile de parler d'elle au passé.

Sa présence et sa voix sont obsédantes. À midi tapant, chaque lundi, jour de relâche des théâtres, le téléphone sonnait et on annonçait « Madame Sarah ». Elle se répandait aussitôt en ragots sanglants auxquels Julia prêtait une oreille complaisante. Mais aujourd'hui, 29 mars 1923, plus de cancans, plus de commérages, plus de rumeurs. La voix d'or, de cristal ou d'argent, c'est selon – à chaque écrivain du siècle sa métaphore métallique spécifique – s'est tue. Un macabre silence. Comme tout le monde, Julia devra se passer de ce tyran comique, de cette dévoreuse, de cette croqueuse d'hommes, de cette panthère insatiable. Comme Maurice, son fils, comme ses deux petites-filles, comme les familiers de Belle-Île – peintres, écrivains, musiciens et courtisans vivant à ses crochets dans son gigantesque manoir breton à flanc de falaise. Julia n'y a séjourné qu'une seule fois et elle s'y est sentie comme toujours surnuméraire, invisible. Pour tous, en France et dans le monde entier, Sarah vient de tirer sa révérence, le rideau tombe sur son rire incassable et cette nouvelle semble une mauvaise réplique, l'épilogue d'un vaudeville absurde et raté. Pourtant, c'est vrai – *Le Figaro* l'a écrit en première page, ce matin –, Madame Sarah a quitté la scène dont elle fut cinquante ans durant l'indétrônable impératrice.

Sur la bergère du dressing, la domestique a déplié un ensemble de bon goût. Une cérémonie d'obsèques exige des couleurs sombres. Julia enfile une robe très fluide en crêpe de soie caviar qui sera dissimulée par un long manteau de popeline noire doublé de satin fauve. Aux pieds, des richelieus de cuir souple, commodes pour la marche car la journée s'annonce longue et probablement épuisante. Ses mains gantées de chevreau glacé saisissent un sac boxer Robert Piguet. Aucun bijou, évidemment, ce serait indécent. Face au miroir, Julia s'observe, pivote, s'évalue sous tous les angles, ramasse ses cheveux bruns en chignon avant d'ajouter une touche de poudre de riz sur son visage d'une pâleur lactée. Ravissante, parfaite, élancée et gracieuse, comme toujours. Son allure impressionne. Elle personnifie l'élégance des années 1920. Si Sarah incarne l'extravagance baroque de la Belle Époque, Julia, elle, est un concentré de délicatesse et de sensualité classique. 9 h 30. La voici dans la rue, fébrile, agitée, en proie à un vague à l'âme inexplicable. Un chapeau cloche incliné sur la tête, elle se met en route pour un dernier adieu à son inimitable rivale.

La rue de Monceau est déserte, le parc plus encore. Moment idéal pour y déambuler. L'air vif pique les narines et sous les tilleuls argentés, les effluves sucrés des petites fleurs blanches déclenchent des réminiscences de rires et de disputes. Sarah et elle aimaient jadis s'asseoir sous les étoiles odorantes pour parler de leurs textes, en analyser le sens et l'interprétation. Sur *Phèdre*, elles n'étaient jamais d'accord. Entre elles, dix ans de différence. Bernhardt était l'aînée et la star incontestée du théâtre français. Elle aimait à traiter Julia en petite sœur inexpérimentée. Alors, Bartet s'inclinait : « Au fond, tu as peut-être raison, Phèdre n'est pas une victime. Joue-la en femme forte qui feint la fragilité ! » À cette époque, Bartet avait besoin de Bernhardt. Dans la maison de Molière, les bassesses et les coups bas sont monnaie courante, on peut se faire limoger sur un coup de tête. Avoir Sarah dans son camp est un atout puissant. Elle n'avait pas trente ans et, même si son admiration était réelle, elle sentait bien que le lien maître-esclave pouvait s'inverser à tout moment. Comme chacun sait, dans une relation d'amitié toxique, la dominante est elle aussi dépendante de la dominée.

Il est bien loin, le temps des causettes du parc Monceau ! Elle traverse les lieux en levant les yeux vers les arbres. Qu'ils sont beaux, protecteurs apaisants et fournis : le sassafras, le vieux ginkgo biloba, le grand platane d'Orient, le hêtre pourpre et l'arbre de Judée d'un rose poudré, tous semblent lui tendre les bras et lui jurer fidélité. Eux ne disparaîtront pas. Mais l'heure tourne. Dans l'*Excelsior*, on lisait hier que trente à quarante mille Parisiens se bousculaient au rez-de-chaussée de l'hôtel particulier de la défunte sans discontinuer. En ce moment même, le défilé se poursuit. A-t-elle vraiment envie de ce tête-à-tête avec le cadavre de Sarah au milieu d'inconnus, de curieux, de voyeurs magnétisés par on ne sait quel instinct morbide ?

Il faut pourtant rejoindre le cortège qui partira du boulevard Pereire. Julia frissonne, remonte le col officier de son manteau et se hâte. Elle prend le boulevard Malesherbes, coupe l'avenue de Wagram, quand soudain… l'envie lui vient de revoir l'hôtel Fortuny. Un minuscule détour, un bref pèlerinage. Ah ! l'hôtel particulier de la rue Fortuny, le premier coup de foudre et d'éclat de sa chère flambeuse ! On en avait fait les gros titres : « La comédienne Sarah Bernhardt s'offre un ruineux hôtel particulier, spécialement conçu pour elle par l'architecte en vogue

Félix Escalier ». Effet comique : l'Escalier construit la maison. Cela ne s'invente pas. Sarah se délectait de ce genre de jeux de mots. Félix ayant la folie des grandeurs, le fabuleux manoir parisien de style néo-gothique affiche des façades bicolores, blanc et vermillon. Sur deux étages, les quatre cents mètres carrés de ce palais sont ornés de gargouilles en saillie sur la corniche et d'un heurtoir apposé sur la porte d'entrée. Julia approche : rien n'a changé depuis 1876, date de son acquisition. La fille de province, privée de père, élevée par sa mère – une demi-mondaine –, avait escaladé en un temps record tous les échelons de la vie parisienne. Elle s'était faite toute seule, une gageure pour une femme au XIXe siècle. À trente-deux ans, Sarah triomphait, son nom crépitait en lettres de feu dans tous les théâtres de la capitale et, le soir, un chauffeur la reconduisait, en fiacre, dans son château de la rue Fortuny, cette petite cathédrale de la bamboche.

Car elle était devenue, dans le cœur des Français, une sorte d'icône, une autre Dame de Paris, moins pieuse, beaucoup plus fantasque et délurée, mais les fervents laïcs à qui elle avait inoculé la religion de la scène s'endormaient le soir en pensant à Jeanne d'Arc, Ophélie, Bérénice, la Dame aux camélias, Iphigénie, Phèdre, Desdémone ou Andromaque. Quant aux véritables croyants, elle ne les oubliait pas. En se glissant sous le voile de la vierge d'Avila, elle leur procura de violents frissons mystiques. Ce phénomène se démultipliait à la demande, elle avait cent corps et mille voix ; elle était toutes les femmes en une seule : la mère, la fille, la sœur, l'amante, l'épouse et la putain. Sarah et ses avatars cristallisaient tous les fantasmes.

En empruntant le boulevard Pereire, à la hauteur du square Bayen, Julia éprouve un léger malaise. De toutes parts, les Parisiens accourent et se massent, immobiles, pétrifiés. Les trottoirs sont impraticables. Aux fiacres et aux automobiles, on a interdit la circulation. Des dizaines d'agents de police sifflent et agitent leur bâton, sémaphores impuissants à réguler le désordre. Il y a des femmes du peuple, des lingères, des soubrettes, des lorettes, des concierges endimanchées qui vocifèrent, marmots accrochés à leurs basques. Les ouvriers étrennent leur casquette de tweed, les représentants de la bourgeoisie, reconnaissables à leur toilette – redingote et chapeau melon pour Monsieur, tailleur et trilby pour Madame – tentent de s'écarter de la populace, en vain. La mort de la reine désamorce les clivages, force le rapprochement des corps et la fraternisation des esprits en abolissant la lutte des classes. Le grand enterrement – des monarques, des chefs d'État et des artistes illustres – possède une fonction cathartique : il efface les conflits et soulage les aigreurs. Les inégalités ? Oubliées. Les difficultés financières, les privilèges et les préjugés se dissolvent pour quelques heures dans la compassion collective. Il permet au pays de vérifier qu'il a un cœur, un grand cœur battant. Manifestation généreuse et spontanée, les funérailles de Sarah offrent une démonstration d'union nationale dans un brouhaha invraisemblable.

La star était morte trois jours auparavant. Dans les théâtres parisiens, les comédiens avaient demandé aux spectateurs d'observer une minute de silence. Partout, la stupeur et le recueillement. La planète Terre était en deuil. Les télégrammes pleuvaient, d'Amérique, d'Angleterre, de Russie, de tous les pays où cette globe-trotteuse avait triomphé, en sublime étendard de la gloire française. À Londres, un service funèbre officiel avait été commandé à l'abbaye de Westminster. Le gouvernement Poincaré hésita longuement. Malgré les supplications de quelques députés à la Chambre (certains avaient été ses amants), on trancha : il n'y aurait pas de funérailles nationales. Soit, on lui avait décerné la Légion d'honneur, bien sûr elle faisait rayonner la France dans le monde entier, mais enfin ! Que diable ! Ce grand homme était une femme, et, au sexe faible le XXe siècle débutant n'entend pas accorder les mêmes honneurs qu'au sexe fort.

Avait-elle laissé à la postérité une œuvre comparable à celle de Victor Hugo ? Non, bien sûr. Le dernier très grand enterrement que la France ait connu datait de quarante ans. Sarah y était – elle fut la maîtresse du poète –, Julia aussi, tout comme les trois millions de personnes venues des six coins de l'Hexagone. Son cercueil fut exposé sous l'Arc de triomphe, voilé pour l'occasion d'un gigantesque drap de crêpe noir. De midi à 18 heures, le 1er juin 1885, une marée humaine déambula de la place de l'Étoile au Panthéon, où le père de Gavroche fut inhumé. On était loin de « l'humble corbillard du pauvre » qu'il avait souhaité dans son testament. Au lieu de ça, des Gervaise, des Cosette, des Marius et des Valjean assistaient au dernier passage du grand écrivain, ami des orphelins et de tous les déshérités. Sur les trottoirs, les tables, les échelles, les échafaudages et les toits, debout, en équilibre, tous s'entassaient. Une incomparable frénésie, mélange de liesse et de sanglots, régnait sur la capitale. Ce fut épique et confus, tragique et délirant. Les nuits qui suivirent, on vit des couples s'unir, des beuveries qui s'achevèrent en orgies. On ne célébrait pas la mort d'Hugo, on trinquait à sa légendaire vitalité !

Sarah, qui ne détestait pas l'excès, aurait probablement souhaité une telle démesure à ses propres obsèques. Elle fit moins d'entrées qu'Hugo pour sa dernière représentation, mais l'émotion était forte, dense et palpable, ce qui prouvait qu'elle était aimée des Français, plus encore qu'elle ne l'aurait imaginé.

Arrivée au 56 boulevard Pereire, Julia renonce et rebrousse chemin. La queue enfle, les passants se bousculent, certains crient, d'autres chantent. C'est plus fort qu'elle, la foule la tétanise. Son médecin lui a d'ailleurs assuré qu'elle souffrait de ce syndrome que la psychiatrie vient de répertorier : l'agoraphobie. Tous ces gens se sont levés à l'aube pour voir la dépouille, ils la verront, dussent-ils passer en force. Elle non, tant pis. Des montagnes de fleurs envahissent le hall et l'escalier de l'hôtel : des roses, des orchidées, des lys, des violettes et de modestes jonquilles. Au rez-de-chaussée de l'immeuble, les dévots tentent de pénétrer dans la chapelle ardente improvisée pour le public. Menue, presque minuscule, gisant au centre du fameux cercueil doublé de satin blanc qu'elle avait gardé toute sa vie dans sa chambre et où elle avait parfois dormi, Sarah repose. Sur une robe de soie blanche, son fils a épinglé la Légion d'honneur. Éparpillée sur un coussin mauve, la célèbre chevelure rousse de la défunte confère au spectacle une note préraphaélite. Pareille à l'*Ophélie* de Gustave Doré, elle flotte sur un océan de songes. Ses paupières closes recèlent de mélancoliques secrets. Les mains croisées sur un crucifix de bois rugueux, elle – qui ne croyait en rien – s'en remet à Dieu.

Julia est trop émue pour suivre la troupe. De son sac, elle extirpe un mouchoir imprégné d'eau de lavande et s'en humecte le front. Elle fera l'impasse sur la cérémonie religieuse à l'église Saint-François-de-Sales, esquivera la Concorde, la Madeleine, les Tuileries, la rue de Rivoli, ne se rendra pas non plus place du Châtelet, au théâtre Sarah-Bernhardt, où on a recouvert de soie noire les fenêtres de la loge de la directrice. Elle a trouvé un itinéraire original lui permettant de contourner le cortège. La voici maintenant au Père-Lachaise, bien en avance sur l'horaire prévu. Elle entre par la porte Gambetta et se dissimule derrière le columbarium. Sur un petit banc, Julia, épuisée, tente de se remémorer le fil des événements. Morte à soixante-dix-huit ans, un record ! Quand on a mené une existence aussi trépidante, c'est un fort bel âge pour disparaître. Elle-même prie le Ciel pour qu'il lui accorde une telle longévité. Mais quelque chose cloche. Sarah était infatigable, increvable, elle produisait sa propre énergie renouvelable. Cette femme était un geyser, un volcan en éruption permanente. L'illustre septuagénaire ne tenait pas en place, bouillonnant de projets, de voyages à programmer, de pièces à produire. Il y a à peine un mois, elle était encore sur scène. Que s'est-il donc passé ?

Guitry en personne. Il s'est manifesté, imposé. Il voulait l'engager, coûte que coûte. Elle n'a pas su lui dire non. Elle ne pouvait pas, elle n'a jamais pu. Il était son petit Hermès, son fils spirituel, elle le préférait à Maurice, qui n'avait pas ce talent virevoltant, cette inimitable manière slave de transformer la boue en or. Alors, bien conscient de son ascendant, ce saltimbanque aristo, ce dandy malicieux, ce petit prince des Balkans avec son timbre nasal et sa diction Grand Siècle abusait de l'indulgence de la divine. Il savait flatter en elle l'illusion de l'immortalité. *Puisque Sacha prétend que j'ai l'énergie et l'apparence d'une comédienne de quarante ans, alors j'ai l'âge qu'il me donne*, se répétait la coquette sur le déclin. Sacha et Sarah, un poème, un palindrome : leurs prénoms aux lettres identiques à l'exception du « c » scellaient un pacte. Ils étaient inséparables, terribles et gémellaires : deux cabots en miroir. Après, bien longtemps après, il aurait beau jeu de tisser sa nécrologie, sa fameuse tapisserie Guitry tout en sanglots retenus et en emphase : « Voici celle que je considère comme ma seconde mère, roucoulait-il, voici Madame Sarah

Bernhardt. Personnage légendaire, fabuleux, incomparable actrice absolument géniale à soixante-douze ans, elle vivait depuis cinquante ans avec un seul poumon, depuis trente ans avec un seul rein, et depuis quelque temps, hélas, avec une seule jambe… elle était le courage personnifié. »

Oui, Julia reprochait à Sacha d'avoir exagéré. Ne voyait-il pas qu'elle aurait dû se ménager ? Pour lui, elle avait accepté de répéter la pièce *Un sujet de roman*, qu'il avait écrite pour elle et où elle avait pour partenaires Lucien Guitry, et Yvonne Printemps. Guitry, auteur, metteur en scène, distribuant son père et son épouse. Cela faisait beaucoup de Sacha et assez peu de Sarah. La pièce n'alla pas plus loin que la générale, ce qui n'empêcha pas Guitry de persévérer dans son aberrant désir de la faire travailler, comme s'il feignait d'ignorer que la comédienne était exsangue. Il proposa un film dont il avait écrit le scénario et qu'un Américain venu d'Hollywood réaliserait à Paris. Et par faiblesse, une fois de plus, elle accepta. On tournait chez elle boulevard Pereire, elle tenait le rôle d'une cartomancienne. Drapée dans un peignoir de velours fuchsia, assise devant une boule de cristal, un ouistiti sur l'épaule, Sarah, chancelante, donnait la réplique au fameux Harry Baur et à la jeune Mary Marquet. Les projecteurs aveuglants, l'équipe technique à demeure, les scènes qu'il fallait refaire : l'agonie commença et une crise d'urémie l'emporta pendant le tournage. La veille de sa mort, elle récita *Phèdre* toute la nuit, rendant un délirant hommage à l'héroïne racinienne qu'elle avait incarnée une centaine de fois, sa sœur de douleur et de gloire, son fantôme et son double. Maurice la tenait dans ses bras et un prêtre vint lui donner l'extrême-onction.

Oui, Julia en veut à Sacha. Peut-être que sans ces deux dernières expériences, deux de trop, elle serait encore là, tonitruante et tordante, menant sa petite cour à la baguette.

Au cimetière, la tension est enfin retombée. Seuls les intimes sont là. Il n'y a pas eu de discours devant la tombe. Un silence spectral pour un dernier adieu à la voix du siècle. Ce fut sobre et bref. Quand tous partirent, Julia s'approcha de la sépulture, un bas-relief rectangulaire, graphique et blanc, que Sarah avait elle-même dessiné, prévoyant tout, même l'architecture de sa dernière adresse. Près, tout près de la sienne, on pouvait voir la tombe de sa mère, dont elle n'aimait guère parler. Les administrateurs du Père-Lachaise lui ont réservé l'emplacement n° 9. À quelques mètres de là reposent Eugène Delacroix, Gustave Doré, Guillaume Apollinaire, Honoré de Balzac, Rossini et Bizet. La peinture, la littérature, la poésie et la musique : ces illustres messieurs tiennent compagnie à la grande dame du théâtre. Les arts majeurs au complet, réunis sur une petite parcelle de la capitale. Seule, parmi ces grands hommes, l'unique, l'admirable, l'irremplaçable Sarah règne encore. Elle aurait apprécié : comme d'habitude, aucune autre femme n'a osé s'interposer entre elle et eux.

SANS FAMILLE

Un feu crépite dans la cheminée du salon d'émeraude. Julia raffole de cette pièce qu'elle a fait repeindre en septembre, bois vert tendre et tentures de taffetas céladon. Allongée sur la méridienne, une pile de quotidiens tous consacrés à la disparition de Sarah ornant le guéridon, elle s'accorde une pause. La journée fut éreintante. De son fume-cigarette en laque de Chine, elle extrait des volutes de tabac blond. Sa femme de chambre est partie après lui avoir préparé un plateau-repas. Mais elle n'a pas faim. Un verre de brandy à la main, elle feuillette les Mémoires de Sarah, datés de 1907. Elle avait intitulé son récit *Ma double vie*, il s'est évidemment arraché à des milliers d'exemplaires dès sa sortie. Sur la page de garde, une dédicace rédigée de son écriture nerveuse et penchée : « À ma chère petite chérie », signée « S. B. ». Julia ne l'a jamais lu. Qu'aurait-elle bien pu apprendre qu'elle ne sache déjà ? En tant qu'amie, elle connaît bien plus de détails que la plupart des adorateurs de l'artiste. Et puis, elle est comédienne, elle aussi. Ce que ni les journaux ni le livre ne révèlent, les actrices se chargent de le dévoiler dans leurs loges, cancanant et riant sous cape entre deux actes. De la scandaleuse vie de Sarah, le Paris féminin de la Belle Époque faisait ses gorges chaudes.

Ce qui l'a intriguée tout à l'heure, au cimetière, hormis la modestie de l'architecture de sa tombe, fut que par un dernier souhait, l'actrice rousse ait insisté pour reposer auprès de sa mère. Il n'était pas dans son tempérament de partager une gloire posthume avec quiconque. Or, c'est aux côtés de cette femme dont on ne sait pas grand-chose qu'elle est enterrée. Les Mémoires offrent peut-être quelques indices, même si Sarah – Julia le sait mieux que personne – s'est toujours employée à brouiller les pistes. Sa légende, elle l'a bâtie sur mesure, romancière de sa propre existence, esquivant les points scabreux, coupant, enjolivant, toujours à l'affût d'une version féerique d'elle-même.

Qui est donc cette mère, prénommée Judith ? Selon les indications déchiffrées sur la stèle, elle est née en 1821 et décédée en 1876. La seule information qui en découle est l'âge de Sarah à la mort de sa mère. Elle était bien jeune, trente-deux ans seulement, et déjà au faîte de sa renommée. Quant à Judith, elle a disparu à cinquante-cinq ans. Soudain, la pendulette du salon vert sonne quatre coups. Julia sursaute, il est 4 heures du matin. Elle n'a pas dormi, elle n'a pas cessé de lire, indifférente aux heures qui passaient, hypnotisée par ce qu'elle découvrait. Une nuit blanche, une nuit entière avec Sarah, morte et pourtant si vivante dans ces cinq cents pages trépidantes.

Au fil des chapitres, Julia comprend que cette mère est un personnage romanesque, ambivalent et toxique. Sarah elle-même se contredit sans cesse quand elle l'évoque. Le portrait qu'elle en fait est un tissu d'Arlequin, un patchwork, une reconstruction fantasmée. Tentant désespérément de retenir un être qui la fuit, la narratrice passe de l'admiration éperdue au dépit affectif. Pour la décrire, elle use de l'hyperbole et peint une nymphe de Botticelli, « Maman, belle à ravir, semblable à une madone, avec ses cheveux d'or et ses yeux frangés de cils si longs qu'ils faisaient ombre sur ses joues quand elle baissait ses paupières ». Mais à la phrase suivante, cette madone se révèle assez inquiétante : « Elle donne de l'or à tout le monde, écrit Sarah. Elle aurait donné sa chevelure d'or, ses doigts blancs et fuselés, ses pieds d'enfant, sa vie. » Tant d'or ? Et pourquoi donc ? Pour, nous apprend l'auteur « sauver cette enfant dont elle se souciait si peu huit jours avant ». L'enfant délaissée qu'il faut sauver, c'est Sarah.

Il y a pire : « Elle était aussi sincère dans son désespoir et son amour que dans son inconscient oubli », poursuit la mal-aimée. Ceux à qui la ravissante blonde offre de l'argent sont tous les êtres – nourrices-domestiques-concierges-professeurs-mères supérieures de couvent – susceptibles de la décharger de la corvée d'élever Sarah. L'enfant intelligente comprend vite qu'elle sera toujours un fardeau pour cette femme égocentrique, que toujours il lui faudra, pour obtenir quelques miettes d'amour, se faire toute petite, s'effacer, s'éloigner, et ne jamais poser problème. La fillette n'est dupe de rien. Elle a saisi que le désespoir affiché de la mère, cette façon d'accourir pour la secourir n'est qu'une posture. D'une lucidité sidérante, la petite pointe avec froideur l'inconstance, la frivolité et l'hypocrisie d'une jeune coquette se rachetant de sa perpétuelle absence en salariant des inconnus qui se substitueront à elle.

Dès la première page de ses Mémoires, Sarah travestit la réalité : sa mère n'avait pas seize ans, comme elle l'écrit, quand elle a accouché d'elle. Dans les interviews données par l'actrice, elle en a vingt-trois. Pourquoi vouloir la rajeunir, dans ce texte ? Mystère. Sa fonction, son métier ? On n'en saura rien, sinon qu'elle « adorait voyager… d'Espagne en Angleterre, de Londres à Paris, de Paris à Berlin. À Christiania, au Danemark, puis en Hollande son pays natal ». Une voyageuse de commerce, une aventurière, une espionne, une artiste ? Pour quelle raison, venant des Pays-Bas, s'est-elle installée en France ? Est-elle célibataire, fille-mère, veuve, mariée, remariée ? À toutes ces énigmes, la narratrice répond par ellipses. Cette mère globe-trotteuse, découvre-t-on toutefois quelques lignes plus loin, a quatre sœurs. Mais on ne donne ni leurs prénoms ni leurs noms. Leur état civil est escamoté. Le flou artistique s'épaissit encore quand il s'agit du père. Figure fantomatique, idéalisée, il n'a pas de profession ni d'âge et on ne sait pas s'il a abandonné la mère et l'enfant. Il surgit pourtant, au détour d'un paragraphe, pour donner des ordres sur l'avenir de Sarah, avant de disparaître à nouveau et de mourir finalement à la cinquantième page du texte – Sarah a alors douze ans – dans des circonstances qui demeurent inconnues. Julia se promet d'élucider tout cela un peu plus tard, avec le concours de Lambert, un ami journaliste en qui elle a toute confiance. Pour l'instant, elle se sent apte à reconstituer les grandes étapes de l'enfance de Sarah.

Ce qui la frappe d'emblée, c'est l'extrême abandon dont elle a souffert jusqu'à l'adolescence. Père inconnu, mère absente, la petite est constamment ballottée comme un méchant paquet dont personne ne se soucie. De ville en ville, de pensionnat en couvent, on la place, on la déplace, et ces déménagements commencent très tôt. Erreur de jeunesse pour Judith, Sarah n'a que deux ans et demi quand elle est exilée, loin de Paris, en 1847, chez une nourrice à Quimperlé. Bretonne d'adoption, elle vit au grand air. Un jour, la lanière de sa chaise haute se détache et la petite tombe dans la cheminée. Brûlures au second degré. Hurlements, effroi ! Ne sachant que faire, la brave nourrice la plonge dans une bassine de lait froid. Sarah n'est pas bien jolie à voir, sa face et ses membres virent au rouge, au violacé et la douleur est atroce. Pour la consoler, la Bretonne la gratifie d'un surnom de circonstance : Fleur de lait. Bien sûr, on a prévenu sa mère biologique, qui est en villégiature avec un certain baron Larrey. Elle arrive enfin, escortée d'un médecin qui prescrit un traitement comique mais efficace : des mottes de beurre en grande quantité. Les voisins accourent et apportent leur obole. Le baume crémeux envahit la maison, sur les armoires, sur les tables et les chaises. Trois fois par jour, on enveloppe le petit corps dans des gazes badigeonnées de beurre frais. Sarah évoque une tartine. Mais cette tartine a gagné. En se mutilant, la petite a réussi à rapatrier sa mère, qui reste à son chevet quatre jours. Elle en tire une leçon : en cas d'urgence extrême, cet oiseau migrateur rapplique à tire-d'aile. Fleur de lait a compris. Elle se brûlera, elle tombera, se blessera, s'estropiera. Si c'est le prix à payer pour obtenir un peu d'attention maternelle, ce bon petit diable est d'accord.

Deux ans passent. Ayant perdu son mari, la nourrice bretonne emménage à Paris où elle a déniché, rue de Provence, un emploi de concierge, et elle emmène l'enfant, que personne ne réclame.

Sarah, cinq ans, découvre sa première loge, elle qui en investira ensuite de bien plus prestigieuses dans les plus grands théâtres du monde. Elle est laide, sale, sans aucune fenêtre, minuscule et asphyxiante, avec son plafond bas qui pèse comme un couvercle. Pour s'échapper de ce trou, l'inventive fillette va trouver un stratagème. Apercevant dans la cour sa tante qui vient – par le plus grand des hasards – visiter un logement dans l'immeuble, elle court et se jette dans ses bras. Cette tante, c'est Rosine, une Néerlandaise vivant avec sa sœur à Paris. Rosine caresse l'enfant, s'étonne de la trouver ici, puis repart. Épouvantée par ce nouveau rejet, Sarah monte dans l'escalier puis se jette dans le vide en hurlant. Résultat : un bras et une rotule brisée. Maman consent à venir chercher sa poupée en morceaux. Deux mois durant, incapable de marcher, elle est portée par des adultes compatissants.

Elle réintègre donc le domicile maternel. Une fois de plus, en se torpillant, elle regagne un peu d'affection. Jusqu'à quand ? Un mois plus tard, hélas, « Maman » ne veut décidément pas d'elle. C'est décidé, on éjecte une fois de plus l'encombrante, elle ira en pension. « Le Bon Dieu me console, lui déclare un jour la mère indigne, en m'envoyant un bouquet avec un petit bébé. » « Alors, j'aurai un petit frère », réplique l'indésirable. « Ou une petite sœur », répond sa mère. Sarah, du tac au tac : « Oh, j'en veux pas ! J'aime pas les filles ! » N'être pas aimée, n'avoir pas été désirée est une chose. Accepter une future rivale en est une autre. Qui est le père de ce bébé ? Sa mère ne l'a pas renseignée sur cette affaire. Tout ce qu'elle constate, c'est qu'elle va être doublement évincée. Elle n'a pas sept ans, et les traits de son caractère s'affirment déjà. Puisqu'elle est problématique, elle deviendra un problème, puisqu'on ne veut pas d'elle, elle s'imposera. Elle sera sans cesse malade pour obtenir le retour de sa mère, et si son état de santé n'alarme personne, elle passera à l'étape supérieure en se montrant impulsive, colérique, incontrôlable, infréquentable au sens strict. Après tout, elle est déjà traitée comme une délinquante. Que lui importe la camisole de force ? La prison ou l'asile, c'est la même chose. Une nature docile aurait accepté son sort. Sarah, au contraire, se forge une carapace de rebelle. De tous ses handicaps, elle va faire une force. Révolte, résistance, résilience : trois *R* qui structurent son existence.

Elle a sept ans. La voici en pension à Auteuil. Elle y est conduite par sa mère, sa tante et deux élégants messieurs dont Sarah pense qu'ils sont les amis des deux sœurs. La réalité est plus douteuse, moins amicale. Comme toujours, avant de s'envoler, « Maman », qui est très soucieuse de son image, fait son numéro de charme à la directrice de la pension Fressard : « Ma fille, dit-elle, en mère faussement attentionnée, a l'estomac capricieux. Voici douze pots de confiture différents et des chocolats de chez Marquis. Et ceci est du cold-cream que j'ai confectionné moi-même. La figure, le cou et les mains de ma fille doivent en être frottés tous les soirs au coucher… Je payerai double le blanchissage des draps ! » On se souvient de l'épisode de la brûlure de Sarah et de son traitement au beurre. Le tube de cold-cream soi-disant personnellement fabriqué par la mère (en réalité acheté dans une officine) remplit une double fonction : exhiber un instinct maternel quatre étoiles et réparer l'épiderme de Sarah. Afin qu'elle ne soit pas toujours à sa charge (les pensions coûtent cher), il faudra bien la marier, ou la caser. Pour ce faire, elle doit être présentable. Une peau de guenon ferait fuir n'importe quel prétendant. Quant aux sucreries, elles sont destinées à l'engraisser. On ne tombe pas amoureux d'une jeune fille décharnée. Chaque fois qu'elle placera la petite quelque part, la mère dictera ses recommandations, qui se résument à ce curieux mantra : confiture-chocolat-cold cream. Confiserie et crème hydratante, voilà sa conception de la tendresse. Parfois, elle tend une ordonnance récente et ajoute des instructions sur la manière dont on doit dompter la chevelure frisée de sa fille. Pour elle, l'illusion est sauve. Mais personne n'est dupe.

Sarah moins que les autres. À Auteuil, qu'elle qualifie de « prison confortable pour enfants », elle apprend à lire, à écrire, à broder, subit les sévices d'une enseignante qui l'éduque à coups de règle sur les doigts. Son esprit fantasque et sa sauvagerie s'épanouissent. Elle se bat avec ses petites camarades, distribue gifles et coups de pied, s'affirme en chef de troupe, devient aux yeux des autres « une petite autorité ». Deux ans passent mais le règlement lui pèse tant qu'elle met en place un plan de sauvetage. Si elle tape un grand coup, c'est sûr, on viendra la chercher pour l'emmener loin de ces lieux où dortoir-réfectoire-ouvroir riment avec cafard. Alors, elle frappe au sens strict, piquant des colères terribles qui la conduisent à l'infirmerie, se roulant par terre, rouant de coups les adultes qui tentent de la vêtir ou de la coiffer. Se sauve, grimpe aux arbres, plonge dans un bassin. Enfin épuisée et véritablement malade, elle est reconduite à Paris. Trois jours de grosse fièvre s'ensuivent. Sa stratégie est au point, mais à quel prix ! Pour survivre, elle se détruit. Son étrange et lointaine famille comprend qu'elle est de santé fragile et psychiquement instable. En riposte aux mauvais traitements qu'on lui inflige, Sarah, neuf ans, se façonne un métabolisme à la marge, une personnalité toquée. La faute à qui ?

Elle n'a pas l'âge de comprendre qui est « Maman », d'où elle vient, ni de quoi elle vit. À cet âge, on ne pose pas de questions, on accepte ses géniteurs tels qu'ils sont. Cette fois, la mère vagabonde a ordonné un séjour de deux semaines chez une autre sœur qui vit dans une superbe propriété à Neuilly. Dont acte. Nouveau changement d'adresse, de paysage et d'êtres à découvrir pour la petite sans-abri. Cette fois, bonne pioche, la bâtisse blanche de style Directoire, le couple respectable que forment Henriette et son mari, leurs fils et leur fille, les domestiques et le train de vie bourgeois rassurent l'invitée. Il y a un lac, des arbres, des dahlias, des hortensias et dans le ruisseau, une colonie de grenouilles qui ne demandent qu'à être capturées. Aucun dortoir, pas de règlement : c'est une parenthèse idyllique. Avec sa robe de serge bleu pétrole, ses rubans, sa poupée toute neuve, Sarah, euphorique, évoque une héroïne de la comtesse de Ségur. Plus Sophie que Marguerite ou Camille, elle en profite pour multiplier les bêtises. Et sa tante Henriette se glisse naturellement dans le personnage de Madame Fichini, le fouet en moins. Henriette Faure n'est pas commode. Sa nièce la décrit comme une femme « froide et poseuse ». Si Sarah s'entend merveilleusement avec sa cousine, une fillette timide et gentille, avec son cousin, très partant pour faire les quatre cents coups, avec l'oncle Faure, bon et pieux, ses relations avec sa tante sont désastreuses.

Il faut dire que Sarah dévergonde la maisonnée. Elle passe des heures à plat ventre dans la vase à pêcher les écrevisses, en ressort tachée comme une souillon, ce qui lui vaut d'être privée de dessert et enfermée dans sa chambre. Quand Henriette découvre que la pénitente a envoyé valser son assiette de viande par la fenêtre, c'est trois paters et un credo qu'elle doit recopier dix fois sur une feuille, à la plume d'oie. Entre Madame Fichini et Sophie, la guerre empire. Sarah entend parfois des phrases qui la blessent cruellement. « Cette enfant est folle, elle finira mal », répète la très dévote Henriette, qui la traite aussi de « petite païenne » et de « bohémienne ». Fleur de lait pressent que ce séjour enchanté dans la famille Faure va bientôt prendre fin. Elle n'est pas des leurs. Personne ne veut d'une bohémienne incapable de se tenir à table, de parler correctement et qui n'en fait qu'à sa tête. Quelque chose cloche décidément, mais quoi ?

Il est 9 heures et Julia s'étire. Sa femme de chambre se tient devant elle, toute surprise de la trouver au salon dans sa robe Poiret de la veille, celle du jour des obsèques. Le petit déjeuner est servi. Toasts, *lemon curd*, thé Earl Grey : Julia affectionne le mode de vie à l'anglaise. Elle vient d'ailleurs de s'offrir une vue de la Tamise peinte par Whistler. Mener grand train, avoir réussi toute seule, sans protecteur, est à ses yeux un perpétuel enchantement. Contrairement à Sarah, Julia Bartet n'a pas gaspillé ses cachets en flambant perpétuellement. Libre, indépendante, actrice, célèbre et célibataire : martingale audacieuse pour une femme des Années folles. Son épargne est rondelette. D'où ce splendide deux cents mètres carrés à la plaine Monceau. Son thé à peine avalé, Julia passe un coup de téléphone à Lambert qui promet de la rejoindre à 19 heures chez elle. Pigiste au *Petit Parisien*, il a couvert les obsèques de Sarah. En ce moment, il rédige mille mots sur la cession de ses biens, qui aura lieu à la galerie Georges Petit en juin prochain. Sur la grande dame, le reporter est incollable, et il n'y a rien qu'il puisse refuser à Julia, dont il est secrètement amoureux depuis deux ans.

Quand elle ouvre la porte, Lambert est ébloui par la beauté de Bartet. Elle le reçoit en peignoir de soie noire à manches pagode brodé d'une armée de dragons chatoyants. Sa chevelure d'un brun acajou offre à son teint de porcelaine un écrin de choix. Peu maquillée, gracieuse à l'extrême, ondulante et féline, Julia verse un scotch à son hôte.

— Que voulez-vous savoir sur Sarah, très chère ? Il me semble que vous avez joué ensemble à la Comédie-Française. On raconte que vous fûtes même très liées. C'est une forme d'exploit, quand on sait à quel point Sarah détestait les femmes en général et les comédiennes en particulier.

— En effet. Mais après avoir lu toute la nuit ses Mémoires, je comprends que l'essentiel m'échappe. Je veux comprendre, Louis. Je veux percer son mystère. Depuis son décès, elle m'obsède. J'ai connu un mythe vivant, une force de la nature, une terreur, et je découvre que ce monstre sacré fut une enfant rejetée, abandonnée, une créature qui aurait pu finir dans le ruisseau. Aidez-moi, Louis, vous qui avez enquêté sur elle, à reconstituer le puzzle de ses origines.

Louis ouvre le calepin où sont rassemblées les notes qu'il a prises sur Sarah – ses spectacles, ses tournées, ses prises de position politiques – mais il tient à prévenir Julia : sur l'enfance, la famille et les origines, plusieurs versions circulent. La sienne est le fruit d'un croisement de deux sources très fiables. Il ajoute que la vérité est assez crue, voire sordide. Est-elle bien sûre de vouloir la connaître ? Julia balaye ses réticences d'un revers de manche japonais. Alors Lambert raconte le roman vrai de Sarah. Lui sait qu'il s'agit d'une fabuleuse odyssée où il est question d'exil, de persécution ancestrale, d'un peuple millénaire, de haine raciale – Julia, pas encore. Elle l'écoute, dans une tension extrême. La fameuse mère marâtre, explique-t-il alors, est née dans une famille juive polonaise qui s'est établie aux Pays-Bas au siècle des Lumières. En Hollande, Baruch Milles Bernard épouse Jetta Wolf, qui lui donne un fils prénommé Moïse.

— Moïse ? Moïse, celui qui a reçu les Tables de la Loi ? Mais, voyons, Louis, nous voici projetés dans l'Ancien Testament, interrompt Julia. Sarah, avec ses airs de titi parisien, sa gouaille, ses manières, descend d'une famille juive ?

— Mais vous le saviez, Julia, tout le monde le sait, simplement, elle ne s'est jamais étendue sur ce point. Laissez-moi continuer le récit… Pour contourner l'antisémitisme galopant en Europe de l'Est, Moïse change son prénom en Moritz, devient un oculiste renommé, s'installe à Rotterdam où une clientèle fortunée le consulte. Cet astucieux grand-père que Sarah ne connaîtra jamais a avec son épouse Janette six enfants, un garçon et cinq filles. L'une d'entre elles est Judith Bernard, la mère indigne de Sarah. Mais Janette décède et Moritz se remarie. Les enfants – c'est souvent le cas – ne supportent pas leur belle-mère. Deux des sœurs Bernard, Judith et Rosine, tentent alors leur chance à travers le monde et échouent en France, au Havre, où elles vivent comme elles peuvent des petites sommes que leur envoie leur père.

— Quel âge a Judith quand elle arrive en France avec sa sœur ?

— Le plus bel âge de la vie et le plus stupide : vingt et un ans. Petite mais bien faite, dotée d'un minois espiègle et d'une chevelure blonde et bouclée, ce tanagra possède un accent exotique et charmant qui plaît aux hommes. Naïve, elle se fait engrosser et perd à la naissance deux bébés, deux jumelles qui ne survivront pas.

— Cette fois, nous sommes chez Zola.

— Exactement. Judith aurait d'ailleurs pu servir de modèle à deux héroïnes : Nana, dont elle a le physique aguicheur, dans le roman de Zola ; ou Esther, la prostituée dont s'éprend Lucien de Rubempré dans *Splendeurs et misères des courtisanes*, de Balzac.

— Non, Louis, vous ne sous-entendez tout de même pas que... ?

— Si, chère Julia, et mettez-vous une minute à la place de Sarah : elle n'avait guère envie de se confier sur le crapoteux passé de sa mère.

— Mais elle, Sarah, quand entre-t-elle en scène dans ce misérable décor ?

— Un an plus tard. En 1844, encore que, n'ayant jamais retrouvé sa fiche d'état civil dans les archives, la date est elle aussi hasardeuse. De toute évidence, Judith, cherchant à tout prix à se caser, s'est une fois de plus débrouillée pour trouver un homme qui la mettrait enceinte et subviendrait à ses besoins ainsi qu'à ceux de son enfant.

— C'est ce qui s'est passé ?

— Plus ou moins. L'homme, dont on ne sait rien, Sarah ne l'aurait vu qu'une ou deux fois. Certains disent qu'il est étudiant en droit, d'autres, officier de marine. Mais ce qui compte pour Judith, c'est qu'il lui donne une pension afin d'élever la petite. Une fois installée à Paris, elle décroche un emploi de modiste, mais le métier de courtisane lui va bien au teint et rapporte cent fois plus. Elle et sa sœur décident donc de faire commerce de leurs charmes. Elles ouvrent, dans le quartier Notre-Dame-de-Lorette, un « salon » qui fait courir le Tout-Paris des arts, de la politique et de la finance.

— C'est assez sordide. J'imagine qu'au milieu de ces débauches, un bébé n'avait pas sa place. Voilà pourquoi Judith s'est débarrassée de sa petite fille. Quelle cruauté !

Julia est abasourdie. Mais elle demande à Louis de poursuivre son récit. Lambert a épluché le *Journal* des frères Goncourt. Dans cet amusant codex qui est à la République des Lettres du XIXe siècle ce que les *Mémoires* de Saint-Simon sont à la vie politique sous Louis XIV, les sœurs Bernard obtiennent une place de choix. Répertoriées comme de fameuses demi-mondaines, décrites à la mode de l'époque, avec leurs robes de taffetas moiré, leurs mitaines de dentelles et leur chignon à frange mousseuse, elles évoquent les flamboyantes cocottes de la monarchie de Juillet. À la devise de Guizot, chef du gouvernement qui conseille « Enrichissez-vous », les sœurs Bernard obéissent en monnayant leurs charmes aux plus puissants. Rue de la Michodière, le trois pièces de Rosine et Judith évoquent un intérieur bohème, sans aucun style, exhibant un constant désordre. Mais les célébrités du temps en redingote, col cassé et lavallière s'y retrouvent à toute heure du jour ou de la nuit, passant des poufs orientalistes du salon aux sofas où les deux sœurs s'activent. S'y croisent et s'y saluent pour parler théâtre ou coups d'État, le baron Larrey, chirurgien de Napoléon III, le peintre Fleury, le compositeur Rossini, Camille Doucet, le directeur des Beaux-Arts, le grand romancier Alexandre Dumas et, surtout, le dandy le plus puissant de l'époque, celui qui fait et défait les carrières au gré de ses humeurs, le demi-frère de l'empereur, le richissime et redoutable duc de Morny.

UN PETIT DIABLE AU COUVENT

Après avoir effectué un baisemain, Lambert a saisi son haut-de-forme et quitté Julia non sans lui avoir arraché la promesse d'un rendez-vous au salon de thé de la rue de Rivoli le lundi suivant. Il lui fait miroiter d'autres révélations, mais même sans ce dossier secret, cette enquête, qui désormais les stimule et les soude, Bartet aurait accepté de le revoir. Ce jeune homme aux yeux noirs, à la dégaine efflanquée, à l'esprit rusé ne lui déplaît pas. Il la change de ses amants habituels, hommes d'affaires ou romanciers lancés, tous plus âgés, plus riches et blasés. Et puis Louis est discret, une qualité qu'elle prise. Il ne cherche pas à fouiller son passé. S'il le faisait, il comprendrait aisément ce qui, chez Sarah, la trouble et la renvoie, par mimétisme, à ses propres fantômes.

Fille d'un brave homme, chef du personnel au palais de l'Industrie, et de son épouse, simple lingère, Julia a grandi rue du Louvre dans un affreux taudis. Sa mère ne l'aime pas, elle la traite de fainéante et lui préfère son frère. Très tôt, on lui trouve un mari dont elle ne veut pas, le jugeant empoté et trop vieux. Du haut de ses seize ans, elle décrète donc qu'elle sera comédienne. Elle le sait, elle le sent, elle a l'étoffe d'une mademoiselle Rachel, et sa grand-mère, qui tient le vestiaire de la Comédie-Française, la conforte dans ses chimères. Ses parents ne la retiennent pas. Voilà comment elle quitte le foyer, sans un sou. Mais il faut bien subsister. Alors, avant de tenter le concours du Conservatoire, la jeune fille devient – comme la mère de Sarah – apprentie modiste dans le quartier de l'Opéra. Le secteur de la mode, qui est alors en pleine expansion, engage à tour de bras petites mains, arpettes, brodeuses et dentellières.

Qui d'elle ou de Sarah est la plus à plaindre ? Leurs deux enfances ont le même goût de frustration, de manque d'amour et de rejet. Détresse, désespoir, solitude. Leur complicité, plus tard, reposera sur ce non-dit. Mais la mère de Julia, aussi méchante qu'elle fût, ne se prostituait pas. En revanche, celle de Sarah vit de ses charmes et se vend au plus offrant. Les affaires marchent si bien qu'elle déménage et s'agrandit : au 265 de la rue Saint-Honoré, le claque des sœurs Bernard prospère. Au même moment, Fleur de lait, que la famille Faure ne supporte plus et qui ignore tout des activités de sa mère, est envoyée – ironie suprême – au couvent. À Paris, Mme Bernard vit à l'horizontale, recevant la crème de la crème dans un lieu qui tient du bordel, du salon littéraire et de l'arrière-salle de la Chambre des députés. Jour et nuit, ses prestations sont tarifées. Les après-midi de repos, elle les passe place Vendôme, dans les salons d'essayage de Chéruit, qui lui façonne des déshabillés, des robes à paniers, des corsets, des bas de soie et des décolletés pigeonnants : un somptueux matériel de professionnelle. Assez fréquemment, elle part en villégiature à travers l'Europe – tournée des grands-ducs – en compagnie du fringant baron Larrey, son protecteur du moment. À Versailles, changement de décor et d'atmosphère. Sarah, neuf ans, intègre un internat dirigé par des Sœurs augustines. Crucifix, dépouillement, prières, décor monacal. Le jour et la nuit : Paris contre les Yvelines, la musique et la danse contre le silence, les frous-frous contre l'habit de nonne, la luxure contre la foi. Peut-on faire contraste plus choquant ?

Quand Mère Sainte-Sophie, supérieure du couvent de Grandchamp, à Versailles, reçoit Mme Bernard, elle n'imagine évidemment pas la vie de débauche de la mère de la fillette. Il n'est d'ailleurs pas dans ses attributions de mener un interrogatoire quand on lui confie une pensionnaire. Après tout, la scolarité est assez coûteuse. Être accepté à Grandchamp ne relève pas d'un certificat de bonne conduite mais d'un portefeuille garni. Cette femme blonde, vêtue comme une comtesse, en fait certes un peu trop. Elle est emphatique et nerveuse, mais la directrice, qui en a vu d'autres, demeure impassible. Lorsque vient l'heure des adieux maternels, assortis de l'immuable refrain, cold-cream-confiture-chocolat, la religieuse étouffe un petit rire nerveux mais ne bronche toujours pas. Sarah en revanche est au bord des larmes.

Au cours du trajet, en chaise de poste, elle s'est courageusement concentrée sur la petite malle calée contre ses genoux. À l'intérieur, on a entassé son existence, qui se compose en tout et pour tout d'un cerf-volant, d'une poupée aux cheveux de nylon, d'un cache-nez violet tricoté par la bonne des Faure, d'un scapulaire bénit offert par sa tante, et d'un uniforme, son premier, son dernier. Cette robe de toile noire à col bateau, brodé en rouge des initiales SB, elle l'a déjà en horreur. Chaque enfant doit être en outre muni d'une cantine. Pour Sarah, ce sera un gobelet d'étain et une cuiller en argent, gravés du chiffre 32. Elle possède donc un uniforme et un matricule. Il n'y a plus de doute. On s'apprête à la coffrer. La petite bohémienne est sous les verrous.

Plus on approche de ce qu'elle nomme « ma prison », plus ce qu'elle découvre par la fenêtre de la voiture la terrifie. À perte de vue : des bois, déserts et inquiétants. Puis, en arrivant vers un bâtiment de pierres grises, elle discerne : à droite, la vaste caserne Satory, à gauche, le cimetière du même nom et, au milieu, son nouveau « chez-elle » : soit Notre-Dame-du-Grandchamp, sorte de pénitencier pour petites filles incultes. Par quoi est-elle cernée ? Par des militaires, des tombes et des nonnes ! Partout, la mort et ses lieutenants. La vraie vie ne fait plus partie de son paysage. Cette sinistre symbolique ne lui échappe pas. Le christianisme, c'est tout juste si elle sait ce que sait, elle, la sauvageonne, la laissée-pour-compte, la fille d'une cocotte et d'un père inconnu, elle à qui on n'a jamais offert la moindre éducation religieuse. Tout lui paraît glaçant : la grande cour pavée de la propriété avec ses grilles, le parloir, le réfectoire et, aux fenêtres, les visages craintifs des cent condisciples de cette « maison d'éducation ». Elle n'a jamais vu autant de noir, elle qui raffole des couleurs de la nature : le rouge automnal des giroflées, le jaune héliotrope des jonquilles, le bleu du ciel et des yeux de sa poupée, Cécile.

Comment Fleur de lait va-t-elle triompher de cette nouvelle épreuve que le Ciel lui envoie ? Comme toujours, en suivant sa méthode personnelle, qui consiste à se soustraire à toute forme d'autorité. Physiquement, elle n'a l'air de rien, et l'uniforme, au fond, dissimule ses défauts plus qu'il ne les aggrave. Deux grandes cannes de héron, une maigreur effrayante (Sarah déteste se nourrir), un teint mat, des yeux verts, un visage de chat émacié auréolé d'une crinière épaisse et frisée d'un jaune ficelle tirant sur le roux. Ah ! ces cheveux crépus, ces mèches hirsutes, indomptables et ridicules ! Le soir même, au dortoir, elle écope d'un nouveau sobriquet. Ses camarades l'appellent « la négresse blonde ». Elle tente de s'endormir en sanglotant. Mais le sommeil ne vient pas.

Sarah en est sûre. Si sa mère ne l'aime pas, c'est parce qu'elle ne lui ressemble pas. Voilà pourquoi elle lui préfère cette petite fille qui est née sept ans après elle, cette petite Jeanne, poupon docile et gracieux toujours fourré dans ses jupes. Ce n'est pas elle qu'on enverrait en prison, ça non. À elle, les caresses et les bonbons quand Sarah est à l'isolement, pain sec et soupe aux fèves. Si seulement Fleur de lait n'avait pas cette apparence désastreuse, les choses iraient mieux. Judith, c'est certain, doit se sentir humiliée par le méchant reflet que lui tend sa fille, elle qui peut s'enorgueillir d'un corps parfait et d'une chevelure blonde, lisse et disciplinée.

Père inconnu au bataillon, mère absente. À dix ans, on a besoin de repères affectifs. Sarah, enfant sensible, s'invente des protecteurs. Ces parents imaginaires ne la trahiront pas, eux. Ils ne peuvent pas s'enfuir non plus, puisqu'ils sont à portée de main. Un père pour le jour, une mère pour la nuit, deux avatars inanimés, voilà ce dont elle a besoin. Mère Sophie l'a installée dans un petit dortoir blanc où sont rangés huit lits, attribués aux créatures de santé fragile. Tout près de sa couchette veille une statuette de la Vierge éclairée par une bougie vacillante. L'enfant est instantanément fascinée par la petite madone de plâtre. L'amour maternel se superpose à cette figure pieuse dont elle va bientôt découvrir la merveilleuse histoire et la place centrale qu'elle occupe chez les croyants. Reste à trouver une image paternelle, quête hasardeuse dans un univers exclusivement composé de femmes. Elle existe, au rez-de-chaussée. Au mur d'une immense salle, où les élèves travaillent, brodent et tricotent, est accroché un grand tableau qui l'attire irrésistiblement.

Le personnage principal, un élégant jeune homme, assis dans un jardin, est adossé à un chêne. À ses pieds, une bible ouverte. Vêtu d'une cape noire, de culottes rouge carmin et de chausses, il est robuste mais ses mains jointes sur la poitrine et son expression contredisent cette force apparente. Les yeux tournés vers le ciel, l'homme semble en proie au désespoir. Sarah capte immédiatement ce chagrin et s'identifie au séduisant lecteur doté de cheveux noirs et bouclés. Le mélange de puissance et de délicatesse qui se dégage de la scène, les taches de gris, de blanc et de rouge, l'atmosphère générale lui plaisent. On lui apprend que la toile s'intitule *La conversion de saint Augustin.* Qu'est-ce qu'une conversion ? Qui est ce bel Augustin ? Elle ne veut pas en savoir plus. Elle a trouvé son père spirituel. Mélancolique et mystérieux, l'homme tourmenté la guide et la réconforte. Il est là, palpable, fiable, projetant de bonnes ondes. Elle le contemple chaque jour dans la grande salle de travail, persuadée qu'il la couve des yeux. Sarah ne demande rien d'autre qu'une présence immatérielle. Son imagination fera le reste. Magnétisée, elle écrit : « Ce saint Augustin me donnait de grandes émotions et troublait mon cœur d'enfant. »

Les parents totémiques – une reproduction miniature de la Sainte Vierge et une scène religieuse peinte au XVIIe siècle par Gérard de Lairesse – feront plus ou moins l'affaire pour remplacer le père et la mère défaillants. Elle s'agenouille devant l'une et se signe en passant devant l'autre. Pensée magique, rituel rassurant, Œdipe de substitution. Ce qui n'empêche pas la fillette de flancher. La solitude lui pèse. Le piano, l'arithmétique, l'orthographe ; hormis la géographie et le dessin, toutes les matières l'assomment. Jamais elle n'obtient le tableau d'honneur. Ce qui la console, ce sont les quelques mètres carrés de terre qu'on accorde aux pensionnaires pour y fertiliser leur jardin de poche. Et puis, il y a les bêtes. Les plus insignifiantes trouvent grâce à ses yeux. Douée de ses mains, Sarah se fabrique des boîtes en carton où elle capture des couleuvres et des lézards qu'elle martyrise en leur coupant la queue. On lui prête des cages métalliques pour y emprisonner mouches et araignées, les secondes se nourrissant des premières. S'improvisant infirmière, elle soigne ses copines à la toile arachnéenne, une gaze baveuse dont elle vante les vertus cicatrisantes. À son temps perdu, elle confectionne aussi des trousseaux de poupée : manteaux d'hermine et manchons en papier qu'elle échange contre des crayons, des bonbons, des plumes d'oie. Deux années passent. À douze ans, la négresse blonde, cancre plaisant, monte en grade : respectée, bluffante, elle devient l'idole, le chef de troupe, le pitre craint et admiré de ses condisciples.

Pour demeurer la vedette de Grandchamp, Sarah sent bien qu'elle doit à son auditoire quelques coups de théâtre. Sans cela, l'attention retombe, on risque l'oubli, ou pire, la banalisation. Sa tignasse rebelle lui fournit le prétexte d'une scène décisive. Chaque matin, à 8 heures, sachant qu'il lui faut au moins trente minutes pour la démêler, la fillette s'y colle. Mais Sœur Marie, en charge de la toilette des filles du dortoir blanc, estime que Sarah traîne un peu trop. Lui dérobant le peigne des mains, la jeune femme, robuste et dépassant l'enfant de deux bonnes têtes, attaque le problème de manière si violente qu'elle arrache une énorme poignée de cheveux. Cris stridents, hurlements, trépignements de la petite scalpée qui se roule par terre avant de rouer de coups sa tortionnaire. Elle frappe, elle mord, tous les coups sont permis. Un attroupement se crée autour de ce ring insolite. Le bruit et la fureur alertent la Mère supérieure, qui ne trouve rien d'autre à faire que de brandir un crucifix avant d'asperger Sarah d'eau bénite dans le but d'exorciser la possédée. La chemise de toile blanche est trempée, la fillette sanglote, convulsionnée, les enfants sont terrorisés. Il faut bien l'admettre : Grandchamp a accueilli dans son sein un démon bien encombrant. Mais ce démon n'a que douze ans. En conséquence, pour qualifier sa conduite, on n'utilise pas le terme d'hystérie, déjà très en vogue dans les milieux médicaux. On préfère parler de « colère », de « violence », de « mauvais caractère » ou d'« accès de rage ». Tante Henriette, moins nuancée, n'avait pas hésité à traiter très tôt sa nièce de « petite folle ». Ce qu'elle n'a dit à personne, c'est qu'elle avait eu une deuxième petite sœur. Elle s'appelle Régina. Peut-être détrônera-t-elle Jeanne dans le cœur de sa mère ? C'est le seul sentiment que lui inspire cette naissance, dont elle a appris la nouvelle par le courrier de la veille. La bagarre de ce matin masquait-elle un terrible chagrin ? S'est-elle vengée sur Sœur Marie ? On l'ignore encore, au couvent, mais cette crise de nerfs capillaire n'est que l'épisode inaugural d'une série de psychodrames à venir.

Car Sarah est en train de prendre conscience que ces excès lui profitent. On redoute ses réactions, on la ménage. On ne sait plus avec elle sur quel pied danser. Son profil se précise. Inapte à se distinguer dans le domaine scolaire, elle va briller dans d'autres registres. N'ayant pas su se faire aimer par ses parents, elle attirera l'attention de la plus mauvaise des façons, briguera des trophées de fausses notes, de bêtises, deviendra recordwoman du pire. Ce qui compte, c'est d'exister. Applaudie ou sifflée, c'est égal. Occuper le centre de l'estrade, voilà le sens de la vie. Miss Catastrophe souffle le chaud et le froid, minaude, manipule ou se victimise avec un sens de la dramaturgie qu'elle perfectionne au fil des ans. Un jour, on lui décerne la palme du courage quand elle plonge dans une mare pleine de boue afin de sauver de la noyade une camarade de quatre ans. Le lendemain, on s'offusque de sa rouerie. N'ayant pu obtenir un rôle dans *Tobie retrouvant la vue*, un spectacle en trois tableaux écrit par la Mère supérieure, la future légende s'arrange pour piquer sa scène à sa meilleure copine. La voici triomphante, en robe d'ange Raphaël, une ceinture bleu roi cernant sa taille, deux petites ailes de papier accrochées sur la poitrine et sa fameuse crinière rousse auréolée d'un lacet doré.

Cette voleuse d'ange est un vrai petit diable. Tout le monde applaudit, y compris la copine trahie. Dans l'assistance exclusivement féminine, ce jour-là, un spectateur, un seul. Mais il a son importance. Ne s'est-il pas déplacé, depuis la capitale, en grande pompe pour le spectacle de fin d'année de Grandchamp ? Il s'agit de l'évêque de Paris, un vieux monsieur au doux regard qui en impose par son vestiaire : sa longue robe violette, sa mitre et sa crosse impressionnent Sarah. Et voici que ce haut personnage félicite l'ange Raphaël qui, tout à son bonheur (aucun homme avant lui n'avait manifesté le moindre intérêt pour sa petite personne) ne comprend pas tout à fait que si l'ecclésiastique s'intéresse à elle, ce n'est pas pour ses dons d'actrice mais pour s'étonner qu'elle ne soit pas encore baptisée, à l'âge tardif de quatorze ans. Il exige qu'on organise rapidement la cérémonie.

Un baptême ? Elle est d'accord, absolument d'accord et tout à fait enchantée. Certes, cette formalité se fait généralement à la naissance, non à la puberté, mais chacun sait que sa mère est un peu tête en l'air. Elle aura oublié ce détail. Le grand saint homme n'a-t-il pas assuré qu'on peut à tout moment rattraper le temps perdu ? Voilà l'essentiel. Quatorze ans de retard, à l'aune de l'éternité, ce n'est pas grand-chose. Et puis, un baptême, au fond, n'est-ce pas encore et toujours du spectacle ? Il y aura un (tout petit) texte à apprendre, un décor, des costumes, un public et forcément, la venue de « Maman », qui ne peut rater un tel événement. Oh ! Sarah est si heureuse qu'elle confond tout : la scène et la religion, la cérémonie liturgique et la ferveur du public, l'institution et la vedettisation. Elle cravache au catéchisme, s'immerge dans l'histoire sainte, devient calée, et, en proie à une exaltation qui deviendra plus tard sa marque de fabrique s'offre sa première crise mystique.

Ce phénomène coïncide avec le début de l'adolescence, mais elle n'établit aucun lien de cause à effet, ignorant que des milliers de jeunes filles ont connu et connaîtront la même confusion émotionnelle. C'est décidé : elle renoncera au monde (dont elle ne connaît que l'espace délimité par le couvent), se cloîtrera et portera le voile. Circonstance aggravante, elle vient d'apprendre qu'on a sauvagement assassiné le bon, le gratifiant vieil évêque, l'unique être de sexe masculin qui l'ait distinguée depuis des années. Alors, désespérée, confondant tout, angoissée par la planification du fameux baptême qui précédera d'une semaine sa première communion (son cas exige précipitation), Sarah, au lieu d'entrer dans les ordres, se vautre dans le désordre mental. Elle cumule les nuits d'insomnie, refuse toute nourriture, tombe en sanglots, éprouve un sentiment d'amour morbide pour le pauvre évêque défunt, est prise de tremblements nerveux quand une camarade casse par mégarde sa poupée Cécile. Elle est en colère, elle est en deuil, elle veut porter une cornette et une croix et qu'on lui fiche la paix. L'apogée de cette bouffée délirante prend la forme d'une hallucination dont elle fait à Louise, Alice et Blanche, ses amies de dortoir, un récit terrifiant. Yeux écarquillés, lèvres gercées, exténuée par ses visions, elle scande : « Je me vois déjà comme la sœur novice qui vient d'être admise religieuse. Je me vois par terre recouverte du pesant drap noir à la croix blanche, les quatre lourds flambeaux placés à l'extrémité du drap. Et je forme le projet de mourir sous ce drap. »

Mère Sophie, elle, ne s'en laisse pas conter. Sous l'habillage mystique, elle a repéré la graine de cabotine qui sommeille en Sarah. Elle a bien saisi l'ambivalence du personnage. C'est une jeune fille dont le corps change, sa sensualité s'affirme, sa personnalité aussi. Plus originale et créative que les autres pensionnaires, elle exerce son ascendant sur toutes. Sarah a beau crâner, à Grandchamp, elle a trouvé sa place. On l'apprécie, elle émeut, elle fait rire ou pleurer alors que sa famille qui jamais ne lui rend visite ne veut pas d'elle.

L'atroce équation de la mal-aimée, la petite rousse la résout en trouvant refuge dans un mysticisme exalté. C'est la seule façon pour elle de rester au couvent, ce lieu où elle est la négresse blonde, la fille aux cheveux indémêlables, l'éleveuse d'araignées, la rebelle qu'on accepte telle qu'elle est.

Prise de voile ou pas, ce qui est sûr, c'est qu'elle est surmenée. On lui a fait savoir en outre que son baptême, cette apothéose dont elle se faisait une joie, serait bradé. En effet, « Maman » a décidé de baptiser ses deux autres filles dans la foulée. Formalité pour formalité, autant tout régler en même temps, s'est dit l'évaporée. Quel poison que cette famille Bernard ! Elle est vraiment la dernière roue du carrosse. Elle ne pourra décidément jamais décrocher la première place. Il faudra toujours qu'on lui vole la vedette. Premier rôle ou pas, le grand jour arrive. Flanquée de ses cadettes, Jeanne et Régina, Sarah fait contre mauvaise fortune bon cœur. Le parterre n'est pas médiocre. Louise, Alice, Blanche, vêtues de blanc, portent des cierges, et toutes les Sœurs accompagnent le cérémonial. L'odeur d'encens, les prières, sa mère adorée et détestée venue pour l'occasion : la baptisée devenue nouvelle communiante en un temps record reprend des forces. Tout ce qu'elle désire, au fond, c'est rester au couvent. Car ses amies et ses repères affectifs sont ici, dans ce décor catholique et royaliste (les sœurs de Grandchamp détestent l'empereur). On ne lui a jamais dit qu'elle appartenait à une autre religion.

À quinze ans, Sarah s'arrondit un peu. Sa silhouette devient harmonieuse, ses copines lui ont prêté une brosse en ivoire qui convient mieux au démêlage de sa crinière. Elle n'a plus l'allure d'une bohémienne. Elle est presque jolie. Mais son tempérament fantasque lui attire encore des ennuis. C'est plus fort qu'elle, elle en fait toujours trop. Un jour de décembre, en passant à cheval devant le mur du couvent, un soldat laisse tomber son képi du mauvais côté du mur. Sarah, qui a ramassé l'accessoire, ne veut pas le rendre au militaire. S'ensuit un vaudeville versaillais. En dépit des protestations de la brigade et des Sœurs rassemblées, l'effrontée grimpe sur un arbre et y reste toute la nuit. Pourquoi ? Pour épater la galerie, transgresser, choquer et, comme toujours, faire rire ses condisciples.

Elle ne redescendra de son mirador que le lendemain, affamée, épuisée et malade. Conséquence de sa farce : fièvre, convulsions. Le médecin annonce une pleurésie carabinée. Vingt-trois jours entre la vie et la mort. Cette fois, la bienveillante Mère Sophie déclare forfait. Mlle Sarah Bernard est renvoyée, sa mère priée de venir la chercher sans tarder. C'en est fini du couvent, des copines épatées, de la statuette de la Vierge, du beau saint Augustin et de la prise de voile. Du jour au lendemain, sur un coup de tête, une casquette à galons a précipité son destin. Le rideau tombe sur Versailles, ses champs, sa caserne et son cimetière. Changement de décor. La voici à Paris, sans uniforme, vêtue d'une robe de serge blanc cassé, chez sa mère, rue du Faubourg-Saint-Honoré, entourée d'une farandole de messieurs égrillards dont elle ignore l'identité.

À QUOI RÊVENT LES JEUNES FILLES ?

Quand Julia pousse la porte d'Angelina, salon de thé prisé du Tout-Paris, sous les arcades de la rue de Rivoli, son entrée fait sensation. Les hommes identifient la Bartet, qu'ils ont applaudie au Français, et les femmes sont fascinées par son élégance. La courte cape de vison dissimule une robe en crêpe de Chine noire chahutée par un sautoir de perles blanches. Elle pivote en ôtant son chapeau cloche. Deux syllabes venues du fond de la salle ponctuent son apparition. « Chanel ! », murmure une connaisseuse. Il n'y a rien de plus reconnaissable qu'une silhouette sculptée par cette couturière dont la presse vante l'audace. À Deauville, à Biarritz, on s'arrache ses marinières. Paul Poiret la respecte et la craint depuis qu'elle raccourcit les jupes et censure le corset. La cinglante Coco vient d'ouvrir une boutique rue Cambon. Julia s'y rend régulièrement. Et c'est pour Louis qu'elle étrenne ce boléro de fourrure qui swingue sur ses hanches, lui donnant une allure folle.

Si elle est en avance, c'est pour mieux choisir sa table. Décor, lumières : en bonne comédienne, elle sait que la séduction d'une femme doit beaucoup à ce genre d'artifices. Derrière elle, un vaste panneau mural représentant une fresque bucolique et une applique dont la lueur nacrée flatte son teint. Elle s'assoit, jette un coup d'œil à sa montre, vérifie que tous les regards sont bien fixés sur elle, et consulte la carte. Julia maîtrise parfaitement la scénographie d'un flirt. Angelina, salon de thé feutré, en sera le théâtre. Le confiseur autrichien Rumpelmayer inaugura son enseigne en 1905 et en confia à l'architecte Niermans la déco tout en moulures, dorures, corniches, luminaires rococo et miroirs biseautés. Anton pressentait que ses clientes adoreraient cette gourmandise Art nouveau. On y déguste en outre des pâtisseries bavaroises qui n'existent nulle part ailleurs. Rebaptisé « Angelina » en hommage à sa belle-fille, le boudoir du 226, rue de Rivoli attire toujours le Tout-Paris. Louis a repéré Julia et se dirige vers elle en adressant un sourire à la serveuse en tablier noir et coiffe blanche qui zigzague entre les tables, son plateau d'argent à la main.

— Que prendrez-vous, ma chère ?

— Un mont-blanc, ce cœur de meringue à la chantilly avec ses vermicelles de crème de marrons est à se damner. Sarah et moi commandions toujours cette spécialité ici. Et vous, Louis ?

— J'ai déjeuné rue de la Paix avec un député du Cartel des gauches, entrée-plat-dessert arrosé d'un brouilly. L'africain me suffira. Mais dites-moi, Julia, quelle mouche vous pique à propos de cette pauvre Sarah ? Vous me demandez d'enquêter et vos désirs sont des ordres. Mais…

— Ne soyez pas impatient. Vous saurez tout en temps et en heure. Nous étions très liées, cela vous ne l'ignorez pas. Je désire simplement en apprendre un peu plus. Elle m'a caché tant de choses…

La jolie serveuse interrompt leur dialogue. Sur la nappe blanche dentelée, elle dépose le monticule crémeux en face de Julia et verse un sirupeux africain dans la tasse de Louis. La recette de cet élixir chocolaté, concoctée par Rup, reste à ce jour un secret d'État.

— Où en étions-nous ?

— Au couvent de Grandchamp, dont elle est finalement renvoyée à l'âge de quinze ans…

— C'est exact.

Tout en effleurant le poignet de Julia, Louis reprend le cours de ses confidences. Il est aussi précis que savent l'être les journalistes du *Petit Parisien* – premier quotidien national, organe de presse aux cent mille lecteurs – quand ils ont bien enquêté. L'appartement de la mère de Sarah, situé rue Saint-Honoré, non loin de l'endroit où ils se trouvent, il en fait une description détaillée. C'est un très bel immeuble, où les sœurs Bernard louent trois pièces au second étage. Dans le salon trône un Steiner demi-queue. Au fond du couloir : la minuscule chambre qu'elle partage avec Jeanne et Régina, qui ont respectivement huit et quatre ans. Trois filles, nées de trois lits différents, vivent ici sous la chape de plomb d'un terrible secret de famille, en compagnie d'inamovibles inconnus dont elles ignorent qu'ils sont les clients de leur mère et de leur tante.

Rosine est, elle aussi, une demi-mondaine. Ce gynécée n'est pas très fréquentable. Les enfants n'y sont d'ailleurs soumises à aucune discipline. Ce lieu de débauche est pourtant leur foyer. Rien d'étonnant à ce que Jeanne soit une vraie peste : « Tout le monde prétend que tu es très laide, Sarah », dit-elle à tout bout de champ à sa grande sœur. La petite Régina, elle, est mutique et gloutonne. Sauvage, têtue, aussi colérique que Sarah, elle possède des cheveux d'un blond neigeux et des yeux qui dévorent son visage inquiet. Comment s'étonner que des fillettes abandonnées à elles-mêmes, éternelles spectatrices d'une comédie du vice, grandissent mal ? À la limite, c'est Sarah, l'aînée, l'adolescente de quinze ans, qui s'en tire le mieux.

Intelligente, elle feint d'accepter le train de vie douteux de sa mère et jamais ne lui pose de questions embarrassantes. Il y aurait pourtant de quoi. Qui sont ces hommes toujours fourrés chez elle, à jouer au whist ou occupés à des parties plus « fines » ? Si elle n'avait pas été exilée et recluse à Versailles cinq années durant, elle aurait aujourd'hui des petites camarades, et celles-ci, dotées d'un père, d'une mère et d'un mode de vie conventionnel, l'affranchiraient sûrement sur l'étrangeté de sa condition. Mais elle ne connaît personne. Non, il n'y a rien de normal ni de normé, au 265, rue Saint-Honoré. Un « parrain » – le baron Larrey, jadis chirurgien de Napoléon et protecteur de Judith – a pris possession des lieux. Il est égrillard, sévère, libidineux, et sa main baladeuse frôle souvent les jupons de Sarah. Un certain

M. Meydieu, qualifié de « vieil ami de la famille », a quasiment élu domicile dans l'appartement et, surtout, un impressionnant personnage, battant la mesure de sa canne pommelée, accapare l'attention dès qu'il sonne chez les sœurs Bernard. Judith et Rosine s'enorgueillissent d'être dans ses petits papiers. On a dit aux filles qu'il s'appelle le duc de Morny et qu'il est indéniablement la personnalité la plus influente du temps.

Sarah ne comprend rien. Sa famille n'est pas une famille ordinaire, elle le sent bien, mais n'ose pas demander pourquoi elle doit vivre en tribu, en colocation dans un bourdonnant harem. Elle fait avec puisqu'elle ne peut faire sans. Ici, rien ne se passe comme ailleurs. Sa mère et sa tante échangent des propos dans une langue inconnue qu'elle croit être un mélange d'anglais et d'allemand. En réalité, les deux sœurs – juives polonaises – parlent le yiddish entre elles, mais Sarah ignore l'existence de ce dialecte, puisqu'on ne lui a jamais rien dévoilé sur ses origines. Tout aussi étonnant : les habitués du salon surnomment Judith « Youle », version originale de son prénom francisé. Ces énigmes linguistiques, personne ne les résout pour elle. Parfois, le grand compositeur Rossini débarque et tout le monde chante et danse jusqu'à l'aube. Au matin, les trois fillettes boivent leur chocolat dans un remugle de champagne tiède et de mégots de cigares.

Privée de règles et de repères, Sarah n'a qu'une alliée : une statuette de la Vierge sur sa table de chevet. Cela lui rappelle Grandchamp. Le seul meuble de sa petite chambre est un fauteuil de paille déplumé. Le décor n'est guère rassurant. Alors elle se réfugie dans le fantasme d'une prise de voile imminente, sentant qu'elle est indésirable dans sa drôle de famille. Depuis son retour à Paris, on répète à l'adolescente qu'elle doit se marier. On veut encore l'éjecter. Pourquoi, si jeune, si vite ? De plus, a-t-on idée d'épouser un laideron ? Car les chers amis de maman sont formels : elle est trop maigre, sotte, idiote et naïve au dernier degré.

Et cependant, il faut caser Sarah. On la bombarde d'arguments financiers auxquels elle ne comprend rien. Un chiffre est martelé sans cesse : « 100 000 francs ». Par testament, son père a laissé cette rente à Sarah à condition qu'elle se marie. Dans le cas contraire, lui dit-on, sa mère en sera privée. Le pourquoi et le comment, on s'abstient de le clarifier. Tout ce qu'elle doit savoir, c'est que son père a très mal arrangé ses affaires et que si Sarah ne trouve pas un époux, la veuve Bernard sera dépossédée du fameux petit héritage. La malheureuse ne pourra plus subvenir aux besoins de ses trois filles. Et tout ça à cause d'elle, qui se conduit franchement en créature aussi égoïste qu'irresponsable.

Un matraquage de cerveau, une conspiration d'adultes cyniques. De cette litanie de chiffres, de concepts juridiques incompréhensibles et de reproches, que déduit-elle ? Qu'elle est une monnaie d'échange. Que le mariage n'est rien d'autre qu'une affaire d'argent. Qu'elle doit se sacrifier pour la survie pécuniaire de Maman, Jeanne et Régina. Pauvre

Sarah : la mise en nourrice, les internats, le retour dans un lieu dont on veut la chasser, et maintenant le chantage au mariage ! Il y a de quoi perdre un équilibre déjà instable. Au sein de ce guêpier, elle n'a que deux alliées : Mlle de Brabender, une vieille fille très pieuse qui lui enseigne la lecture et l'arithmétique deux heures par jour, et Mme Guérard, la voisine du dessous. Cette brave femme rend de multiples services aux sœurs Bernard. Très vite, elle se prend d'affection pour l'adolescente, qui lui fait pitié avec son caractère de cochon, sa silhouette squelettique, sa tignasse ébouriffée, ses talents comiques et son unique robe de serge bleue. C'est bien simple : seules l'institutrice et la voisine, qu'elle rebaptise « mon petit dame », offrent à Sarah une attention bienveillante. Les autres, tous les autres, se sont mis d'accord pour éloigner définitivement de la rue Saint-Honoré cet encombrant petit paquet.

Le stratagème se met en place et les prétendants se présentent. Le premier est un riche tanneur d'une quarantaine d'années, bedonnant, noir de cheveux, de peau et de barbe. Si elle avait passivement accepté l'arrangement, Sarah Bernhardt, la plus grande actrice de tous les temps, n'aurait jamais déployé sa légende. Mais la voici qui trépigne, se cabre, boude et renvoie son Cupidon, effrayé par tant d'hostilité. Le soir même, au dîner, les « pères » de substitution la somment de changer d'attitude. Certes, le tanneur est un peu tanné, mais il déposera 600 000 francs dans la corbeille. De plus, il recevra 2 millions à la mort de ses parents ! Tout est programmé. La moitié des 600 000 francs seront versés sur le compte de Judith et le reste suivra son cours, au fil des années. Peut-on faire capoter par caprice un pareil projet ? Mademoiselle l'insolente se rend-elle compte de l'étendue du désastre, si elle laisse ce pactole leur passer sous le nez ?

Acculée, Sarah riposte par une crise de colère carabinée : vrais hurlements, spasmes spectaculaires et sanglots certifiés conformes. Cela lui vaut deux journées de répit. Puis, devant la mine consternée de sa mère et des fidèles moustachus, elle entonne son inoxydable refrain mystique. « Puisqu'il faut que je me marie, je choisis d'épouser le Bon Dieu », dit-elle, emportée par son propre lyrisme. Elle supplie, jure qu'elle a la vocation, que rien ne la rend plus heureuse et sereine qu'égrener les perles d'un chapelet en attendant qu'un jour le voile de barège noir et la batiste blanche recouvrent son visage. À ce vibrant manifeste de foi, à cette touchante ruse enfantine pour échapper à la prison d'un mariage forcé, les impitoyables adultes répondent en chœur qu'il faut de l'argent pour entrer au couvent, et que, n'en ayant pas, Mme Bernard ne peut pas accéder aux vœux de sa turbulente enfant. Sarah prend conscience que son existence ne tient qu'à un fil. Et ce fil est financier. Pour survivre, elle doit se muer en marchandise, elle n'a qu'une valeur d'échange, pas un statut d'être humain. C'est alors que le duc de Morny entre en scène. Il va sceller son destin en deux coups de cannes et trois rendez-vous décisifs.

Fils naturel d'Hortense de Beauharnais et du comte de Flahaut, petit-fils naturel de Talleyrand et demi-frère de Napoléon III, l'état civil du duc est un roman-feuilleton. Expert en machinations et en coups d'État, homme d'affaires, député, ex-ministre, il brille aussi par ses bons mots : « Dans ma lignée, plaisante-t-il, on est bâtards de mères en fils depuis trois générations ! » Crâne dégarni, figure oblongue encadrée de mèches bouclées, regard clair qui frise, menton orné d'une moustache travaillée et d'un bouc, il a fière allure. Vêtu à la dernière mode, ce puissant dandy affiche une chemise à col cassé, un gilet mordoré et une jaquette cintrée. Ses désirs – qui s'accordent presque toujours à ceux de Judith Bernard – sont des ordres. Hommes politiques, chefs d'entreprise, intellectuels et artistes n'ont rien à lui refuser. Puisque la petite Sarah cause du chagrin à sa chère Judith, Charles a une solution. Vocation pour vocation, on en fera une actrice. Son indépendance est à ce prix. Hélas ! les comédiennes n'ont pas très bonne réputation, sous le Second Empire. Elles ne sont pas reçues dans la bonne société, menacent la morale bourgeoise et l'ordre établi. Au fond, dans la hiérarchie sociale établie par sa mère, Sarah ne grimpera qu'une marche, l'actrice ne valant pas beaucoup plus que la prostituée, à la Bourse de la respectabilité.

Fichu pour fichu, la jeune fille proteste encore : « Les actrices sont des femmes de mauvaise vie », déclare-t-elle au duc stupéfait. Elle a entendu parler de la plus célèbre d'entre toutes, Mlle Rachel. Encore jeune, elle souffre d'une terrible maladie, la tuberculose, d'après ce que lui a dit une sœur à Grandchamp. Et, conclut Sarah en pleurant : « C'est son métier qui la tue ! » Que pèse sa plaidoirie face à la décision implacable de cinq ou six adultes ? Rien. L'affaire est pliée. Morny a lâché le mot : « Conservatoire ». Il la fera entrer. Recommandée, pistonnée. Le concours ne sera qu'une formalité, un jeu d'enfant. Sarah gagnera vite de l'argent, déguerpira et ne posera plus de problème à Judith. À propos, peut-elle enfiler ce délicieux déshabillé de satin saumon qu'il lui a offert la semaine dernière, suggère Morny en caressant sa fine moustache ? Réconfortée, la mère indigne s'exécute avec célérité.

La grande salle d'audition de la rue Berger baigne dans l'obscurité. Depuis l'estrade, dans la pénombre, se détachent quatre imposantes silhouettes : une femme et trois hommes assis à une table rectangle qui la scrutent en chuchotant. Elle tremble de tous ses membres et d'une voix enfantine, inaudible, se lance :

— « Deux pigeons s'aimaient d'amour tendre. L'un d'eux, s'ennuyant au logis… »

— Plus fort, Mademoiselle, on ne vous entend pas ! s'agace l'un des juges.

Sarah, tétanisée, se racle la gorge, calme sa respiration et récite jusqu'au bout la fable de La Fontaine dont la morale l'enchante. Quand on s'aime, dit le fabuliste, nul besoin de voyage, de pays lointains, ni même de distraction. L'amour, le vrai, le pur, suffit au bonheur de ceux qu'il a élus. Une prestation d'une minute qui lui semble une éternité. La grande affaire de sa vie sur un coup de dés. Soixante secondes en enfer, au terme desquelles le tintement d'une cloche a retenti. Un homme aux cheveux blancs a pris la parole et d'un ton doux et distingué, a rendu son verdict : « Eh bien, fillette, vous êtes reçue ! » Le directeur du Conservatoire en personne, le célèbre M. Auber, avait parlé et il avait tranché en sa faveur. Ce n'était pas un rêve. Pas moyen d'effacer cette sentence. Quel bonheur ! Les deux pigeons amoureux lui avaient porté chance. Oh ! ce cher La Fontaine et ce vénérable M. Auber, avec ses yeux noirs pétillant d'intelligence. « Vous êtes reçue » : comme elle aime ces trois mots, si simples, si charmants. Elle les tourne dans sa tête dans tous les sens. « Vous êtes reçue. » Elle est reçue, c'est-à-dire admise, attendue, accueillie, bienvenue, elle dont on ne veut jamais nulle part.

Accepté le bout de chou de seize ans, maigre, sans formes, attifé comme l'as de pique. Car sa mère a soigné la tenue du grand jour sans regarder à la dépense. Sur mesure, s'il vous plaît, elle a fait façonner une courte robe de soie noire ourlée d'un décolleté ne dévoilant qu'un buste plat qui se prolonge sur un pantalon blanc troué de broderie anglaise. Aux pieds, des brodequins dorés dans un style XVIIIe. Et pour dompter la chevelure énervante, un sage chapeau de paille. Un petit page ahuri et endimanché, voilà de quoi Sarah a l'air. Comble de l'embarras, la soie commandée à un ami tailleur qui lui a fait un prix est trop bouillie. Cuite et recuite, l'étoffe se déchire au moindre mouvement. Alors, la débutante avance à petits pas saccadés en serrant sa robe de ses deux mains. C'est le navrant spectacle qu'elle a offert à ses juges. Mais ces braves gens savent faire la part des choses et sont peu dupes des apparences ! Pour eux, seul le talent compte. La preuve : ils lui ont ouvert grand les bras et les portes de ce prestigieux établissement, le Conservatoire.

Soulagée, elle file rejoindre « petit dame » et Brabender, qui pleurent de joie en entendant la bonne nouvelle. Sa mère n'a évidemment pas jugé bon de l'accompagner. N'ayant rien avalé depuis la veille de l'examen, Sarah accepte une brioche qu'elle grignote en explorant sa nouvelle maison. Tout l'éblouit : la salle des Colonnes, le vestibule avec les mosaïques de stuc au plafond, le grand escalier... Elle jette un œil furtif sur le bureau d'Hector Berlioz, dont la porte est entrouverte, et entre dans la salle du théâtre. Elle sera appelée à y dire de grands textes, un jour. Les bas-reliefs, les frises, les boiseries : elle n'a jamais rien vu d'aussi beau. Il est splendide, ce théâtre à l'italienne, rouge, vert et or, avec ses fresques antiques et ses bustes de grands dramaturges, de Jean Racine à Crébillon fils. Brabender lui apprend que le Conservatoire d'art dramatique est édifié sur l'emplacement d'un hôtel particulier jadis appelé « les menus plaisirs du roi ». Cette anecdote lui plaît. La révolution de 1848, la proclamation de la République, le Second Empire : Sarah appartient à une génération troublée qui hésite entre le rétablissement de la monarchie et le vent frais de la démocratie. La société, les rues de Paris rénovées par le baron Haussmann, les modes et les mœurs : tout vole en éclats. Mais les menus plaisirs, eux, sont éternels.

Reçue : cela relève du miracle. En vérité, c'est au piston de Morny qu'elle doit cette réception-éclair, quand les autres candidats sont obligés d'attendre quinze jours avant de connaître la décision du jury, mais elle n'en a pas conscience. Elle revit mentalement cette épuisante journée et la série de gaffes qui la ponctuent. La sidérante tenue de scène, la timidité qui l'étreint depuis la veille, et cette nuit blanche avant le départ en fiacre au petit matin pour le grand oral. Pourquoi n'a-t-elle pas passé, comme prévu, cette scène de *L'École des femmes* qu'elle avait étudiée avec son « petit dame » ? Y aurait-il en elle une incapacité viscérale à se plier aux règles ? Toujours est-il que lorsque l'employé du Conservatoire lui a demandé de choisir le jeune candidat qui lui donnerait la réplique, une peur panique l'a envahie et elle a crânement décidé qu'elle dirait, seule, un texte de La Fontaine. Au lieu d'Agnès, les deux pigeons. Stupéfaction alentour ! Ce page en chapeau de paille se sabordait en direct et en public. A-t-on idée de réciter une fable comme une enfant de dix ans dans l'annexe de la maison de Molière ? Les quarante filles et garçons qui attendaient leur tour la toisèrent en riant, persuadés qu'elle serait éliminée d'office.

Malgré son allure, son filet de voix et ses caprices de dernière minute, la voici acceptée comme élève de la plus prestigieuse école d'art dramatique de France. Dès demain, son existence prend de l'épaisseur, un sens et un but. Celle qu'on surnomme dans le salon de libertinage de sa mère « la petite masque », parce qu'on la juge imprévisible et sournoise, se destine à une vraie carrière. Changement de décor et de statut. Tout l'enthousiasme et tout lui fait peur. Le soir même, agenouillée, les mains jointes en prière, elle demande à la Sainte Vierge de lui pardonner : elle aurait tant voulu entrer dans les ordres ! Mais le destin en a décidé autrement. Sa personnalité se dessine, elle entre dans un groupe, une troupe, quelque chose qui ressemble même à une famille. En l'espace d'une journée, Sarah devient quelqu'un.

TOUT LE MONDE JOUE LA COMÉDIE

Assise à sa coiffeuse, Julia observe son reflet dans le miroir. De face, de profil : au fond, cette nouvelle tête n'est pas si mal. En sortant du salon de la rue Cambon, elle avait relevé son col et dissimulé son visage sous un chapeau charleston, marchant vite, incognito, craignant de croiser une amie. Deux heures avant, pourtant, elle n'avait pas pu résister au persuasif M. Antoine. Il avait décrété qu'il allait la transformer en « garçonne ». Allait-il la changer en homme ? Le coiffeur lui expliqua ce qu'était une garçonne : une femme moderne aux cheveux coupés court, en carré. Il était le père de cette invention. Le gratin parisien ne jurait plus que par cette idée géniale. Tresses, nattes, macarons, boucles, fer à friser, barrettes, épingles : Antoine envoyait valser tous ces instruments de torture, ces minauderies d'un autre siècle. Il introduisait la simplicité et la fonctionnalité dans la vie quotidienne des femmes. Audacieux, il transgressait les allures, il masculinisait, il révolutionnait le genre. À l'Opéra, au bois de Boulogne, dans les salons du faubourg Saint-Germain, les filles avaient disparu, on ne rencontrait plus que des garçonnes. L'Américaine Louise Brooks personnifiait sa trouvaille au cinéma : un casque noir de Jeanne d'Arc gothique, un visage pâle dévoré par deux yeux clairs et mystérieux, une beauté ! À M. Antoine, les élégantes et les vedettes ne disaient jamais non. Antoni Cierplikowski venait de la petite ville de Lodz, en Pologne. Formé par le grand Catroux, l'apprenti avait réussi en un temps record à ouvrir son propre salon en fidélisant la clientèle de la haute société. Avec son costume prince-de-galles, ses yeux verts, ses *r* roulés, son débit roucoulant, ses mains virevoltantes armées de ciseaux, l'artiste capillaire avait eu raison des réticences de Julia, qui protestait pour la forme. « Enfin, Antoine ! Le public ne me reconnaîtra plus si vous sacrifiez mes longs cheveux. Et mes chignons, comment les ferai-je désormais ? »

Louis sonna. Elle allait tester sur lui sa nouvelle apparence. Il eut tout d'abord un mouvement de recul – la disparition des longs cheveux auburn lui cause un choc – puis il sourit, et, saisissant la main de Julia, la fit tournoyer gracieusement.

— Quelle surprise ! Vous voici donc à la crête de la mode, chère amie. Ce casque vous va à ravir. Vous êtes tout simplement divine !

Divine, elle l'était en effet. L'épithète imprimée dans la rubrique spectacle des journaux lui collait à la peau depuis ses débuts. Elle accueillit l'éloge par une moue de modestie feinte, une mimique qu'elle maîtrisait parfaitement.

— Plus personne à Paris ne se coiffe autrement. Je fais toute confiance à M. Antoine. Je n'allais pas m'engluer dans un passé Second Empire affreusement démodé. Vous avez devant vous une divine garçonne !

— Une garçonne dont la féminité se trouve augmentée par contraste. Cet Antoine est un as ! Vous vous demandez sans doute pourquoi je suis là. Si je viens vous voir sans m'annoncer, c'est parce que l'enquête avance.

Il tendit à Julia un énorme dossier cartonné.

— Qu'y a-t-il dans ces papiers, Louis ?

Louis avait déniché une pépite. Par une source dont il taisait l'identité lui étaient parvenues les notes que la fameuse Mme Guérard avait prises toute sa vie jusqu'à son décès en 1900. Cette voisine des sœurs Bernard fut pour l'adolescente une mère de substitution. Leur lien était si fort qu'une fois lancée, Sarah lui proposa de devenir sa secrétaire particulière. Plus rien ne retenait la brave femme, dont le mari était mort et les enfants adultes ; elle s'embarqua dans l'aventure et continua à veiller sur cet être fantasque et génial qui était plus cher à son cœur que n'importe quel membre de sa propre famille.

— Bonne lecture. Je vous laisse. Je file à la Chambre, on attend mon papier sur la loi de finances dans deux heures. Il y a dans ces feuillets de quoi satisfaire votre curiosité, j'en suis sûr.

Julia déplie l'imposante documentation sur son bonheur-du-jour, en proie à une étrange excitation. À celle que Sarah appelait tendrement « mon p'tit dame », cette bonne fée, cette maternelle amie, l'enfant terrible n'avait rien à cacher. Les phrases de Guérard démasqueraient donc les secrets les plus enfouis du roman familial. Julia allait enfin comprendre comment la petite fille rejetée avait surmonté l'épreuve de ses débuts dans la vie. Elle enfila un peignoir de soie, alla chercher dans la cuisine un reste de tarte aux myrtilles et un verre de porto qu'elle posa sur le guéridon avant de s'allonger sur l'ottomane, avec sur ses genoux la pile de feuilles noircies par la confidente. Ses projets, ses rendez-vous : plus rien n'avait d'importance. Julia s'offrait une nuit blanche, une nuit Bernhardt, la deuxième d'une longue série.

Mme Guérard n'est dupe de rien. Sous sa plume, plus de « bon ami », ou de « parrain » : épithètes postiches servant à sauver les apparences. Elle nomme les êtres et les choses. Voici le baron Hippolyte Larrey. Il occupe une place centrale dans le dispositif maternel. Médecin militaire, chirurgien de l'empereur, marié et père de famille, il entretient Judith, la conduit parfois dans le petit château de Bièvre qu'il possède dans l'Essonne et la protège des intrusions de la police au 265, rue Saint-Honoré. Selon Guérard, ce beau moustachu est le père de Jeanne, la fille préférée de la mère.

Tout aussi fidèle et non moins gradé, le baron général Balthazar Alban Gabriel de Polhès serait, lui, le père de la dernière bâtarde, la petite Régina. De Balthazar, elle aurait hérité l'esprit farceur, le teint rose et les boucles blondes. Le 265 est un claque de luxe, un hôtel de passe déguisé en salon chic.

Alexandre Dumas, Rossini, Casimir Delavigne y ont leurs entrées. Habile, Judith chouchoute une clientèle d'hommes de pouvoir avec une préférence pour les uniformes. Mais le vrai trophée, le gros lot de cette cocotte, c'est le duc de Morny. Il lui est si attaché qu'il lui laissera, à sa mort, en 1865, une véritable fortune. Car le nerf de la guerre, c'est l'argent. Il en faut pour mener grand train. Judith est obsédée par la crainte de se retrouver sans le sou. D'où ses incessants tours de passe-passe entre quatre ou cinq de ses plus juteuses prises de guerre. En tant que courtisane, elle se surpasse. Comme mère, c'est un désastre. Tout cela intrigue et horrifie Mme Guérard. Elle sent bien que l'amour maternel est le dernier des soucis de cette demi-mondaine. Voilà pourquoi, faute de pouvoir caser Sarah avec un barbon, elle encourage sa carrière de comédienne. Au Conservatoire, on lui verse déjà une petite somme mensuelle. Il faut qu'elle déguerpisse coûte que coûte, qu'elle ne soit plus une charge financière. Et bientôt, il s'agira de se débarrasser des deux autres petites filles.

Pauvre Sarah ! Chaque jour, elle saute dans l'omnibus qui relie La Madeleine à la rue Bergère. Les yeux écarquillés, elle traverse cette ville lumière méconnaissable. En accord avec l'empereur, le baron Haussmann pique, creuse, démolit, défigure avant de réparer le tissu urbain. Ce chirurgien opère le ventre de Paris. Délicate et coûteuse, l'intervention durera quatorze ans. Au scalpel, il charcute les buttes. Pour celles des Moulins et de Saint-Roch, il provoquera une guérison spectaculaire d'où surgira, plane et sereine, la splendide place de l'Opéra. Mais pour l'instant, Sarah ne voit que des monceaux de sable et des ouvriers armés de pioches. Mme Guérard lui apprend que vingt mille maisons vont être détruites. La future comédienne grandit dans un chantier. C'est amusant. Au Conservatoire, changement de décor. Plus de moustachus libidineux, de coupes de champagne et de lits défaits. Ici, on célèbre Racine, Corneille et Molière. Ici on s'active, on mémorise des textes, on répète, on joue.

Les couloirs de l'illustre école ne diffusent que de bonnes ondes. La jeunesse y triomphe, l'art dramatique est un sacerdoce qui permet d'effacer les chagrins, le sentiment d'abandon et de rejet dont elle est l'objet. La vie ressemble enfin à quelque chose. Elle prend de l'épaisseur et revêt du sens. Elle, en revanche, est aussi maigre et cassante qu'un cure-dents. Heureusement, il y a ce visage ample, d'une belle architecture : sa chevelure blonde et mousseuse semblable à une voile d'or encadre des mâchoires carrées, un nez droit et des lèvres fines. Ses très grands yeux d'un bleu délavé brillent d'une intensité si particulière qu'ils intriguent l'interlocuteur ou le fascinent, au choix. Sensible au jugement d'autrui, Youle endimanche Sarah. Vêtue comme une petite dame des beaux quartiers, elle porte des manteaux de hussarde, des bottines de cuir qui la vieillissent. Au caractère, elle est ce que les peintres appellent un « mélange » ; en elle se superposent et se fondent les contraires. Mélancolique et pitre, triste ou exaltée, timide et audacieuse, elle passe en un éclair d'une humeur à l'autre. Avec elle, on ne sait jamais sur quel pied danser. Cela tombe bien, de cette impulsivité, elle fera plus tard sa marque de fabrique. Imprévisible, on ne pourra pas lui coller la moindre étiquette, ni à la ville (elle décourage tous les pronostics en n'en faisant qu'à sa tête) ni à la scène où son répertoire englobe tous les emplois, tous les registres et même les deux sexes !

En attendant, elle engrange les informations, s'instruit, cogite, analyse, se frotte au lexique du XVIIe siècle, et découvre un nouvel univers, celui des grands textes classiques. Bonne nouvelle : la mémoire de cette mauvaise élève est excellente. Dès la première année, elle apprend *Zaïre* et découvre que les alexandrins retors de Voltaire ne lui posent aucun problème. Serait-elle faite pour le théâtre, elle qui se projetait en couventine ? La discipline indispose l'étudiante. Mais il faut bien se couler dans le moule du Conservatoire. Marcher en cadence, tête rejetée en arrière, aux ordres du grotesque M. Élie, vieux beau fardé, paradant sous son jabot de dentelle. Le professeur de maintien enseigne « l'assiette », sorte de pantomime où l'élève doit faire comprendre un désir, une plainte ou une déclaration d'amour par une gestuelle expressive et sans l'aide des mots. Le maintien, décrète Sarah, qui a naturellement une allure folle, cela ne sert à rien. Elle n'est sûre que d'une chose, à laquelle elle croira toute sa vie dur comme fer : sur scène, les longs bras s'en tirent mieux que les courts qui ne parviennent jamais à accomplir un geste ample et gracieux.

La fille aux longs bras maigres s'essaye aussi à l'escrime, une fois par semaine. Mais Pons, célèbre maître d'armes, la terrorise par sa grossièreté. L'effrontée obtient une dispense. Sarah ose là où les autres suivent sans faire d'histoire. Et cela ne lui réussit pas trop mal. Enfin, elle s'intéresse aux cours de diction et de déclamation. Aux cours de Provost, qu'elle juge pompeux, elle préfère ceux de Régnier. Car cet avant-gardiste préconise le « dire vrai » et le « sentir juste », notions franchement décapantes à l'époque. À l'issue de cette année d'initiation studieuse et bouillonnante, la débutante décroche un second prix de tragédie et un premier accessit en comédie. La vie devient exaltante.

Qui parle de prendre le voile ? Une autre vocation, autrement plus excitante, se met en place. L'adolescente perturbée se réinvente en comédienne. Elle a même une amie, sa première. Mary Lloyd est tendre, attentionnée, généreuse et belle comme le jour. Sarah la mène à la baguette et la trouve nulle sur scène. C'est elle pourtant et non Sarah qui obtient un premier prix de comédie au concours de deuxième année. Elle interprète – très fadement – Célimène mais le jury, ébloui par son minois, lui attribue la meilleure note. Alors que la jeune fille exulte, Sarah, en bonne camarade, croit bon de lui révéler que ce n'est pas un prix d'art dramatique qu'on lui décerne, mais un prix de beauté. Peut-on faire plus cruel ? À sa décharge, il faut dire que sa déception est immense. Et si Sarah rate ce concours avec une scène de Casimir Delavigne, poète qu'elle n'aime pas, ce n'est pas vraiment sa faute, mais celle de sa mère. Youle s'est encore distinguée. Juste avant l'épreuve, elle a convoqué un coiffeur qui – croit-elle – donnera à sa fille l'éclat et l'élégance qui lui font défaut.

Rue Saint-Honoré, on a installé la débutante et son tortionnaire au milieu du salon. Il est 9 heures du matin. Sarah n'a presque pas dormi de la nuit, inquiète pour sa prestation, répétant inlassablement son texte. L'homme s'active et invective la jeune fille, jurant qu'il n'a jamais vu pareille crinière de toute sa vie. « De l'étoupe », « du crin », « un pelage de brebis », « une coiffe de négresse blonde », répète-t-il. Est-elle native de Tanger, de Dakar, du Honduras ? Tout en débitant son monologue, l'affreux personnage trace des raies sur le crâne, tire ses cheveux avant de brandir un fer chaud et de brûler le visage et le cuir chevelu une heure et demie durant. La pauvre créature, assommée par les coups, meurtrie, humiliée, endure sa punition en silence. Mais ça n'en finit pas. Le coiffeur a décidé de défriser avant d'onduler, manœuvre absurde. Coups de peigne, coups de brosse, épingles enfoncées ; ce n'est pas tout. Il souhaite inaugurer une coiffure en diadème antique qui prend un temps fou. Résultat : mèches enduites de moelle de bœuf tirées sur la tempe, oreilles dégagées, une brochette de petites saucisses de mèches serrées au fer autour de son front, Sarah ressemble à un caniche roux et humide. C'est un désastre ! Avant de partir, l'individu promet de revenir et de raser entièrement le crâne de la demoiselle qui se destine à la scène. C'est le seul moyen, selon lui, d'espérer par la suite une repousse correcte. Il veut la scalper puis la tondre comme un vulgaire mouflon.

Voilà dans quel état d'angoisse, de fatigue, de douleur et de rage le coiffeur décoiffant laisse la débutante partir en fiacre et en retard pour donner sa scène de concours. La coiffure – qui pèse un kilo – cachée sous une dentelle, Sarah se rend au Conservatoire comme on va à l'échafaud. La suite coule de source. Les yeux rougis par les larmes, la figure gonflée, le nez qui coule, la voix altérée par les sanglots : un drame ambulant se présente devant le jury, qui est consterné par sa performance. Son texte ? Elle n'en connaît plus qu'une phrase sur deux. Elle bafouille, elle pleurniche et le verdict tombe, implacable : deuxième prix de comédie, aucun prix en tragédie. La faute à qui ? À sa mère et à l'odieux posticheur qu'elle a convoqué. Le sort s'acharne, tous conspirent pour lui nuire. De retour dans sa chambre, elle sanglote. Les mèches grasses de brillantine qu'elle a enfin pu libérer de leur prison d'épingles humectent son oreiller. Il n'est pas question de dormir. Au matin, cependant, elle apprend que la bonne fée Morny s'est encore penchée sur elle. Le duc a si bien intrigué qu'en dépit de sa calamiteuse exhibition au Conservatoire, la Comédie-Française l'accepte en son sein.

Le Théâtre-Français, le premier, le plus ancien, le plus prestigieux de France reçoit l'enfant terrible et caractérielle, la bâtarde aux cheveux blond-roux, la fille de Youle, courtisane hollandaise ne maîtrisant qu'imparfaitement la langue de Molière,

Mademoiselle Personne ! Cela tient du prodige. Ou alors, quelque part à Versailles, la statuette de la vierge du dortoir veille encore sur elle à distance. Chez elle, on n'a qu'une vague notion de l'institution de la rue de Richelieu. Ce qu'elle sait de ce temple de l'art dramatique, elle l'a appris sur les bancs du Conservatoire, qui en est l'annexe et le creuset. Ses professeurs y sont sociétaires. Dans ce vaste palais flotte un parfum de Vieille France, une atmosphère de discipline, un règlement quasi monastique. C'est un aspect qui pourrait lui plaire, elle qui voulait entrer dans les ordres. Le public vient à la comédie comme on se rend à l'église. Aucun théâtre ne peut être comparé à celui-ci ni espérer rivaliser avec lui. Être « de la maison » est un honneur suprême.

Sarah a tout cela en tête lorsqu'elle se présente devant M. Thierry, patron du temple. Mme Guérard a bien insisté sur la dimension religieuse, sentant que la petite serait réceptive à ce tropisme monacal. Mais Youle a encore fait des siennes. Persuadée que sa fille serait jugée sur sa seule apparence, elle l'a une fois de plus métamorphosée et enlaidie. La coiffure ? Sarah a tenu bon, elle s'est peignée toute seule. Pour la robe, la partition est orchestrée par les deux sœurs Bernard. Rosine a prêté la sienne, un modèle Empire, hideux, vert chou avec des grecques en velours noir dévoilant les squelettiques avant-bras de sa nièce. Enveloppée d'un manteau en gros-grain de laine noire, coiffée d'un chapeau blanc avec un tour de tête bleu ciel, des brides bleues et un bavolet blanc, Sarah a l'air de tout sauf d'une future pensionnaire du Français. Comble du ridicule, c'est en fiacre avec laquais en livrée – Rosine a insisté pour prêter ce pompeux équipage – que la jeune fille arrive rue de Richelieu. L'effet nouveau riche, la calèche, la robe chichiteuse : son entrée est désastreuse. En apercevant la pauvrette, les grands comédiens du Temple à qui on ne la fait pas – Coquelin, Madeleine Brohant, Got et Delaunay – se gaussent. Ils jugent la nouvelle recrue vaniteuse, arrogante, imbuvable, et la savent pistonnée, ce qui à leurs yeux est une circonstance aggravante.

Un papier à signer plus tard, Sarah est donc engagée. Elle retourne chez elle, un volume d'*Iphigénie* entre les mains. L'administrateur lui confie ce rôle complexe, cette écrasante mission pour sa première sur les planches. Il y a de quoi trembler de tous ses membres. De retour chez sa mère, la voici qui potasse la tragédie en cinq actes de Racine. Mais qu'a-t-elle en commun avec la fille d'Agamemnon, la fiancée d'Achille ? Sur le conseil d'un oracle, ce père fou et belliqueux va sacrifier sa fille afin d'apaiser la colère des dieux. Une jeune princesse grecque, obéissante, docile, et amoureuse d'un héros guerrier, est-ce vraiment dans ses cordes ? Ce rôle est une gageure absolue, un terrible défi. Sarah, dix-huit ans, n'a d'Iphigénie que le physique. Son caractère est aux antipodes de la douceur, de l'obéissance et du sacrifice. Seuls l'âge et peut-être la chevelure tressée – en admettant qu'une jeune princesse grecque soit blonde et chétive – conviennent. Comment s'identifier à elle ? Son père, elle ne l'a aperçu qu'une ou deux fois dans sa vie. L'amour ? Elle ne sait pas encore ce que c'est.

Son corps a subi quelques transformations hormonales qu'elle a su canaliser en travaillant ses scènes d'arrache-pied rue Bergère. Mais elle offre encore l'aspect d'une petite fille. Son buste est plat, ses traits sont ceux d'un chérubin et elle n'a pas encore trouvé sa voix ni son style. Régnier, son professeur, le lui a répété cent fois : le ton est monocorde, le timbre sans profondeur. Quant à la puissance ! Ah, c'est à peine si, au deuxième rang, on l'entendra correctement. Non, Sarah n'est pas formée. Si son cœur bat la chamade en déchiffrant son nom déployé sur les affiches du Palais-Royal, elle sait d'instinct qu'elle n'est pas prête. Elle a changé de patronyme pour qu'on ne puisse pas associer le claque des sœurs Bernard et la jeune pensionnaire de la rue de Richelieu. Ajouter quelques consonnes a suffi. Mais, le premier septembre 1862, « les débuts de mademoiselle Sarah Bernhardt » sont une catastrophe.

Enthousiasmée à la perspective de n'avoir plus à subvenir à ses besoins, flattée de voir un membre de sa famille promise à la gloire, Youle n'a pourtant pas regardé à la dépense. Au Français, quand le costume de scène standard déplaît à la comédienne, on ne lui interdit pas de s'en offrir un avec ses propres deniers. Pour agrémenter la robe de laine rêche du vestiaire officiel, Youle a gratifié sa fille d'un voile de paresse blanche, d'une couronne de roses et d'une paire de cothurnes en cuir brodé. Ainsi parée, elle lui semble correspondre à l'idée qu'elle se fait d'une

Atride qu'on va sacrifier. Mais la parure ne compense pas le trac et la tremblote qui paralysent Sarah. Le professeur Prévost assiste en coulisse aux débuts de son élève. La voyant tétanisée, pétrifiée derrière le rideau, il la pousse pour qu'elle entre en scène. À l'acte I, Iphigénie s'agrippe à la robe de Clytemnestre. À l'acte III, c'est à la toge d'Agamemnon qu'elle s'enroule. Au dénouement, elle a fait tant d'erreurs, commis tant de gaffes, qu'elle se précipite, honteuse, dans sa loge, après un bref salut conventionnel. Le lendemain, dans *L'Opinion nationale*, le redoutable Sarcey résume parfaitement la soirée : « Mlle Bernhardt est insuffisante », écrit-il.

La colère, la honte, la déception : tout est en place pour un auto-torpillage. L'insuffisante ne se l'avoue pas, mais elle rêve de s'enfuir. Ici tout l'insupporte : le règlement, les rivalités, la morgue des sociétaires, la férocité de l'administrateur… Tout, jusqu'à cette loge qu'elle partage avec une autre comédienne au dernier étage de la glaciale maison. Que lui importe d'être admise dans le Saint des saints, si cet honneur ne la rend ni heureuse ni fière ? Alors, l'incident décisif a lieu. Qu'elle l'ait elle-même provoqué ne fait pas l'ombre d'un doute. Ce jour-là, on donne une fête dans la salle des Bustes pour l'anniversaire de la naissance de Molière. Sarah, flanquée de sa petite sœur Régina, assiste à la cérémonie sans grand enthousiasme. Soudain, la fillette pose le pied sur la traîne de l'imposante Mme Nathalie. Outrée, la sociétaire pousse l'enfant méchamment contre une colonne. Pour Sarah, c'en est trop : trop d'indifférence et de cruauté. La riposte est immédiate. Du haut de son mètre soixante-cinq et de ses cinquante-deux kilos, Mlle Bernhardt, dix-huit printemps, lève la main et gifle de toutes ses forces la célèbre diva.

Panique dans l'illustre maison, stupeur et tremblements. Personne ne prend évidemment la défense de la nouvelle et, le lendemain, le patron convoque l'impertinente. M. Thierry, bon bougre, lui laisse une chance. Si elle s'excuse devant témoins, elle pourra réintégrer sa place. Mais le profil de Sarah se précise. Jamais elle ne s'explique. S'excuser ? Encore moins. « Cher monsieur Thierry, rendez-moi mon engagement et je vous rendrai le mien signé, dit l'offensée d'une voix maîtrisée. » À l'homme interloqué qui lui rappelle qu'elle est mineure et qu'il lui faut la signature de sa mère, Sarah répond, cinglante : « Pas la peine, je suis émancipée ! » Émancipée ?

À ces mots, Julia interrompt sa lecture et éclate de rire. Sarah, sa chère Sarah, sa meilleure amie, sa meilleure ennemie ! Elle n'aura donc jamais calé sa conduite sur personne. Incapable d'entrer dans le rang, d'obéir ou de se conformer aux usages. Virée du Français ? Pas vraiment. Au fond, elle a claqué la porte d'une institution où d'autres tueraient père et mère pour entrer. Émancipée ? C'est encore plus intrigant. Que cache ce mot, cet étrange statut juridique, cette affaire secrète ? Les notes de Guérard ne révèlent rien à ce sujet… Il faut demander à Louis de creuser cette énigme.

SARAH, FILLE DE JOIE

Intrigué par ce rendez-vous insolite, Louis traverse le département des Antiquités du Louvre. Julia est décidément exquise. Elle a l'art de ménager le suspense. Pourquoi donc, ici, au musée, dans cet espace austère et déserté, et pas au Fouquet's où il n'aurait pas détesté s'afficher avec la divine en suscitant la convoitise des dandys habitués du lieu ? Mystère. La voici qui arrive vers lui, souriante, d'un pas léger. Elle retire ses gants de cuir prune pour lui offrir une main qu'il effleure d'un baiser en ôtant son chapeau melon.

— Venez, Louis, je tenais à vous montrer cette statue.

La beauté grandeur nature est dénudée, allongée sur un matelas. Accoudée à un oreiller, elle semble s'étirer après un long sommeil. Sa position intrigue : d'une blancheur marmoréenne, elle offre son dos au public, révélant de fines vertèbres rainurées, des cuisses fuselées, des hanches admirables creusées de fossettes. Fessier rebondi, épaules arrondies, seins fermes et menus, seulement vêtue d'une draperie, la nymphe aux formes troublantes est coiffée d'un crobyle, chignon antique orné de nattes. Louis s'est immobilisé, frappé par la sensualité et le mouvement serpentin de l'ensemble. Julia lui prend la main et l'entraîne. Il faut contempler ce chef-d'œuvre sous tous les angles, dit-elle, ne pas se contenter d'un plan fixe, examiner la rêveuse de plus près. Le couple contourne la jeune fille de marbre. Tout n'est qu'harmonie et volupté. Mais à la vue du bas-ventre de la sculpture, Louis se fige, stupéfait. Entre les cuisses surgit une curieuse protubérance qui happe le regard. Un vêtement, un objet ? Rien de tout cela. Ce n'est pas un accessoire, pas un effet d'optique, ni même une hallucination. C'est un sexe d'homme. Un phallus d'éphèbe prolonge le pubis de cette splendeur. Cette femme idéale n'est donc qu'une chimère ? Un monstre mi-homme, mi-femme ? Affreuse déception ! Devant la mine effarée de son ami, Julia éclate de rire.

— Expliquez-moi, je vous en prie. Quelle est cette farce de mauvais goût ?

— Ce n'est pas une farce, c'est Hermaphrodite endormi.

— Hermaphrodite ? N'était-ce pas, selon la mythologie, le fils d'Hermès et d'Aphrodite ?

— Exactement. Se baignant un jour dans un lac, ce jeune dieu d'une beauté stupéfiante attira la convoitise de la naïade Salmacis. Il se refusa à elle mais elle l'étreignit de force et leurs deux corps ne firent plus qu'un, mâle et femelle, un être hybride, masculin-féminin.

— Le premier bisexuel de l'histoire de l'humanité, en somme ?

— L'un des premiers, sans doute. Polyclès a sculpté ce bronze érotique au Ier siècle après Jésus-Christ. On l'a découvert au XVIIe siècle, à Rome, aux thermes de Dioclétien. Le Bernin s'est chargé de réparer ses menottes fracturées et de l'habiller de marbre de Carrare.

— C'est absolument stupéfiant et assez décevant, je dois vous l'avouer. J'aurais préféré que cette beauté soit intégralement une femme. Mais pour quelle raison, ma chère, vouliez-vous me montrer votre Hermaphrodite ?

— Parce que ce bronze transformé en marbre, cette Vénus dissimulant un Apollon m'a toujours fait penser à Sarah.

Sarah, l'obsession de Julia. Tel un peintre, encore et toujours, elle revient sur le motif. Désormais, Lambert s'en amuse, sentant bien que leur complicité repose sur cet excitant sujet. À Paris, tout le monde veut savoir qui était vraiment Sarah Bernhardt. On cogite, on dialogue, on échafaude des scénarii. La presse s'emballe, publiant des suppléments à tour de bras. Il n'y a pas un mois qu'elle a disparu, et elle semble toujours présente, vibrante, régnant sur la capitale en grande reine qui refuse d'abdiquer. Son théâtre porte le deuil, un voile noir accroché à sa fenêtre, sa loge est intacte, pleine de ses meubles, de ses bibelots, de ses excentricités personnelles ; on l'a verrouillée et nul n'a le droit d'y pénétrer. Son fantôme, chuchote-t-on, rôde dans les coulisses. Sarah l'indomptable ! De son vivant, elle était un mythe. Morte, c'est encore pire, songe Louis. Lui, c'est Julia qui le hante. Jour et nuit, il rêve de ses bras délicats, de ses cheveux soyeux, de son allure de liane des Années folles, des fragrances d'iris et de jasmin qu'exhale chacun de ses gestes. Pour obtenir un peu plus que cette amitié qui les lie, il est prêt à tout pour elle. Et ce tout, il le sait bien, c'est Sarah. Il ne veut pas la brusquer, la forcer à lui avouer la raison qui la pousse dans cette quête. Il est patient comme le sont les amoureux transis, elle en est consciente et elle en joue. De lui, elle obtiendra ce qu'elle veut. Ils quittent l'Hermaphrodite du Louvre. L'air printanier invite à la promenade au jardin des Tuileries. Julia prend le bras de Louis. Il est aux anges. Elle lui dit qu'elle avance dans ses investigations mais qu'elle ne sait pas encore où tout cela la mènera. Ils se séparent sous les arcades de la rue de Rivoli, à proximité du Meurice.

— Avez-vous fait bon usage du journal de Mme Guérard ? lui demande-t-il avant de prendre congé.

— Plus encore que je ne l'aurais imaginé. Je vous remercie, Louis. J'apprends des choses inouïes. Au fait, saviez-vous que sa mère avait émancipé Sarah à l'âge de dix-huit ans, dès qu'elle fut admise à la Comédie-Française ? Elle ne voulait plus subvenir à ses besoins. Tout cela est d'une cruauté démente. Déjeunons lundi prochain, je vous raconterai.

— Parfait. J'essayerai d'obtenir d'autres informations… D'ici là, prenez soin de vous.

Émancipée à dix-huit ans, alors qu'elle n'est encore qu'une adolescente sans expérience ? Admettons. La démarche est assez violente. Il faut en conclure que Youle ne pouvait plus supporter la présence de sa fille. De retour rue du Général-Foy, Julia décide de coucher ses impressions sur le papier. Elle tire la tablette de son secrétaire, en sort un carnet de moleskine et, étrennant le stylo-plume égyptien gravé de hiéroglyphes offert par Paul Bourget l'an dernier, trace sur la page de garde ces cinq mots : « Une vie de Sarah Bernhardt ». Oui, c'est cela. Elle rédige la vraie vie de sa rivale. Sa décision est prise. L'agitation des derniers jours, les rendez-vous avec Louis, la lecture compulsive du journal de Mme Guérard, les coupures de magazines soigneusement archivées, les rêveries, les souvenirs partagés avec la légende morte, tout cela prenait sens en cet instant. Un livre, un récit, une biographie allait surgir de ces heures passées à s'interroger sur son amie défunte. Julia se sentait apte à révéler la vraie Sarah, au-delà des rumeurs et des mensonges, de l'hagiographie ou des ragots. Sans complaisance mais avec tendresse, elle pénétrerait au cœur de l'énigme et dissiperait toutes les illusions. Serait-elle capable de se lancer dans une telle entreprise ? Après tout, elle n'était que comédienne. Mais la fréquentation des plus grands auteurs avait façonné un tempérament littéraire. Certes, elle n'avait ni la fibre poétique de Colette ni l'imagination de George Sand, mais elle portait en elle un élan et un sincère désir d'écrire. C'est décidé, elle se lançait. Au besoin, Louis la conseillerait, Bourget la relirait. Autour d'elle, les mentors ne manquaient pas.

Sa plume veut cerner l'inavouable, mettre en relief le sordide. Mme Guérard fournit la matière, Julia écrit. Quatre années effrayantes précèdent la gloire fulgurante qui n'adviendra qu'en 1866. Mais auparavant, de dix-huit à vingt-deux ans, la débutante qu'on a virée du Français, celle qu'on surnomme « le faucheux » parce que ses longues cannes lui donnent la démarche de ce curieux arachnide, va subvenir à ses besoins en vendant ses charmes. Telle mère, telle fille. Puisqu'on ne veut plus d'elle nulle part, elle gagnera ses louis en pratiquant le plus vieux métier du monde.

Les sœurs Bernard sont d'accord. Mieux : elles lui offrent quelques leçons particulières et même des travaux pratiques. Le baron Larrey, protecteur de sa mère, vivant à demeure, est facile à plumer. Grivois, libidineux, il sera son premier pigeon. Après la soupe aux fèves que sert Rosine, le baron aime à s'affaler sur une ottomane en velours élimé pour siroter un verre de madère. Il prie Sarah de s'asseoir sur ses genoux. La cire des bougies dégoulinant du candélabre forme des cercles huileux sur le piano, le salon est meublé d'objets clinquants, de bibelots imitation Grand Siècle. Des buffets trop neufs heurtent des guéridons usés et des lambeaux de corsets déchirés ornent la cheminée. Sarah n'y prête plus attention, elle a grandi dans ce désordre. Ce qui la mobilise, ce sont les clins d'œil que sa tante et sa mère lui adressent et les dialogues en yiddish qu'elles se chuchotent. Elle en comprend le sens global.

En dépit du dégoût que lui inspire cet homme, malgré son statut d'amant de sa propre mère, il faut s'y coller. Rue Saint-Honoré, la moralité n'existe pas, pas plus que l'éducation ou les bonnes manières. On ne connaît que deux grands principes : l'argent et la sécurité qu'il procure. La façon dont on le gagne n'a aucune importance. La fin justifie les moyens. Le reste n'est que littérature. Sarah n'est pas mal élevée, elle n'est pas élevée du tout. Nuance. Alors, la petite plisse les narines, ferme à demi les yeux et se laisse caresser par le lubrique invité. Sa main velue vadrouille, descend sous le jupon, tente de palper les petits seins et le bas du dos. Il babille, il salive, il yoyote, le barbon. Sous les yeux de ses sœurs, Sarah, stoïque, attend la fin du supplice. Elle compte dans sa tête : un, deux, trois, quatre... Elle sait que ce rituel n'excède jamais une minute, mais ce compte à rebours est chaque fois un enfer. Et puis, Youle bat gracieusement des mains, invitant les adultes à un whist. L'homme se lève enfin et dans un rictus de béatitude gratifie la créature docile d'un billet de banque qu'elle remettra bien sûr à sa mère maquerelle le soir même.

Sarah file dans sa chambre et s'enferme. Elle se roule par terre comme à Grandchamp, tape des pieds sur le plancher, envoie valser tous les objets qui lui tombent sous la main, saisit son traversin et le plaque sur son visage pour qu'on n'entende pas les cris de rage et de honte qui s'échappent de sa gorge. Que va-t-elle devenir ? Peut-elle compter sur son talent pour subsister ? Au Conservatoire et au Français, elle était pistonnée et bien peu douée. La preuve : on l'a renvoyée au bout de huit mois, alors qu'elle avait signé pour un an. *Iphigénie* fut son chant du cygne. De toute façon, elle s'était mis tout le monde à dos. Aussi prétentieuse que peu serviable, elle avait tout de suite agacé toute la troupe avec ses exigences hors de propos. On la trouvait maigre, et laide avec ses grands airs. Mais pour qui se prenait-elle, cette péronnelle de dix-huit ans sans aucun pedigree ? Elle cancanait, elle se vantait et mettait les pieds dans le plat en toute occasion. Au fond, au couvent de Versailles ou dans le foyer de la Comédie-Française, les choses se reproduisaient à l'identique. On la jugeait ingérable, vaniteuse et un peu toquée. Elle aurait aimé être attachante comme Mary sa camarade du Conservatoire, ou Régina, sa petite sœur dont on pardonnait toutes les bêtises tant elle était câline et tendre. Mais à Sarah, on ne tendait jamais la main. Elle était sèche et cassante. Rien ne laissait entrevoir les trésors de sensibilité et de vulnérabilité qu'elle enfouissait au plus profond de son être. Son orgueil lui servait de viatique. Elle se moquait bien du Très Grand Théâtre, au fond. Et de tous ces pensionnaires et sociétaires si infatués d'eux-mêmes. Et pourquoi une telle suffisance ? Parce que leurs noms se déployaient en majuscule sur les affiches de la capitale, parce que les journalistes rendaient compte de leurs exploits sur scène ? Foutaises !

Aussi vite qu'elle était montée, soudain, sa colère retombe. Elle réfléchit. Si elle cesse de se mentir à elle-même, il faut bien avouer qu'elle ne déteste pas du tout l'art dramatique. Tout ce qu'il y a de bon en elle, elle le doit aux dramaturges, à leurs vers, aux passions qu'ils exaltent. Le peu qu'elle connaît de la vie, c'est eux qui le lui ont transmis. Il y a de la noblesse dans la révolte, merci, Antigone ! Le sacrifice a du sens et Phèdre le prouve avec éclat ! Les jeunes filles ne doivent pas épouser de force des barbons, bravo, Agnès ! Sylvia peut bien se faire passer pour une servante et Lisette pour sa maîtresse sans que nul ne se rende compte du subterfuge. L'habit fait le moine et rien n'est gravé dans le marbre, Marivaux a raison ! Racine, Corneille, Molière, Musset et les autres lui ont dévoilé les dessous de la psychologie féminine, lui ont enseigné l'art oratoire, révélé la vie de famille sinistre ou burlesque, l'humour, la farce et les bonnes manières. À l'école de la vie, elle n'a pas eu d'autres maîtres qu'eux. Quelle chance ! Il n'y en a pas de meilleurs. Rue Saint-Honoré, on vit sous le signe du libertinage. Les conflits sont médiocres, le quotidien trivial. Chez les auteurs classiques, au contraire, les enjeux sont politiques, spirituels, affectifs, passionnels. C'est le règne de la délicatesse et du raffinement. Et puis, n'a-t-elle pas prouvé, ces trois dernières années, qu'elle savait lire, analyser et ressentir ? Elle connaît les tourments qui agitent Cléopâtre, les noirs desseins de lady Macbeth, le désespoir de Juliette. Un monde s'est ouvert à elle, elle a entrevu ce continent : la littérature, les humanités, la culture.

Sarah n'est plus la petite sotte qui refusait d'apprendre ses leçons d'histoire et qui bâillait au cours d'arithmétique. À son corps défendant, elle a travaillé son intellect et musclé sa mémoire en ingérant, par cœur, des centaines d'alexandrins. Dans sa famille qui n'en est pas une, nul ne songe à la féliciter pour cet exploit. Il s'agit pourtant d'un capital, d'un trésor abstrait qui pourrait bien se changer un jour en monnaie sonnante et trébuchante. Oh oui, elle dispose d'une excellente mémoire ! Elle en est la première surprise. Elle assimile et retient sans effort. N'est-ce pas sur ce critère que s'opère le tri entre les candidates à la gloire théâtrale et les autres ? Sur le pavé de Paris, des centaines de grisettes et de lorettes entretenues par des hommes mariés aspirent elles aussi à briller sur les planches au lieu de tapiner. Seulement, il leur manque ce don, cette matière grise, cette capacité de mémorisation que Sarah possède, elle, de manière innée.

Comme elle se sent seule et désarmée à cet instant, dans sa petite chambre de jeune fille mal aimée ! Aucun des grands écrivains qu'elle a étudiés – elle n'a pas encore lu Émile Zola – n'évoque le dilemme auquel elle est confrontée : le théâtre ou la prostitution. C'est à peine humain. Dans tous les cas, qu'elle devienne courtisane ou comédienne, les deux options requièrent un physique avantageux. Peut-elle au moins compter sur son apparence ? Sa psyché lui renvoie l'image d'une adolescente à la morphologie étrange. Elle a un air niais, avec son corsage blanc cassé, cette berthe de dentelle qui chatouille son menton, cette cravate de laine beige et cette jupe évasée de pensionnaire qui n'a pour avantage que de dissimuler ses pattes de héron. Mary le lui a dit l'autre jour, elle y a mis de la douceur et de l'empathie mais le message est passé : « Sarah, tu ne sais pas t'habiller ni te mettre en valeur… Fais-toi une tête, suppliait son amie. Imite donc la maquilleuse du Français, elle s'y connaît, elle. » Sarah aimerait bien réussir à s'embellir, mais c'est plus fort qu'elle, face à sa coiffeuse, elle s'emmêle les pinceaux. Elle regarde attentivement les fards posés sur la boîte et, ne sachant lequel choisir, s'enfarine la figure à la poudre de riz. Puis, elle surligne maladroitement sa paupière supérieure d'un trait noir avant de dessiner sur ses lèvres un trèfle à trois feuilles rouge carmin : cinq minutes plus tard, elle a tout d'un clown blanc. Et du clown, elle possède également la tignasse filandreuse, parsemée de dizaine de frisons jaune ficelle pareils à un bonnet de lichen. Exaspérée, elle trace alors une raie au milieu du crâne, tentant de discipliner ses mèches à la brillantine, sans succès. Voilà pourquoi on ne la voit jamais dehors sans un chapeau à large bord qui verrouille sa toison folle. L'allure est désastreuse. Voyons le reste.

En s'approchant du miroir, Sarah scrute ses traits. Elle le fait le plus objectivement du monde. Heureusement, elle peut s'enorgueillir d'un visage singulier. Ah ! Ce faciès-là ne ressemble à aucun autre. On ne sait pas s'il est joli ou laid, c'est indécidable. Ce qui est sûr, c'est que cet ovale, bien charpenté, est fait pour la scène. De loin, même au dernier rang, on discerne les plus infimes mouvements de son expression. Cette figure est composée d'un front étroit, de deux yeux très écartés, d'un nez fort mais droit aux narines très découpées et d'une grande bouche. Le tout offre une sensation d'inachevé. Comme un lever de soleil sous un ciel d'orage. Sa physionomie mélancolique, parfois effrontée, souvent furieuse, intrigue. Mais le plus étonnant jaillit de ses yeux. Grands, fendus, changeant de couleur selon les variations de la lumière, ourlés de longs cils noirs recourbés, ces deux petites fenêtres sur le monde la rendent fascinante. Quand elle rêve, l'iris de Sarah se colore de vert. Lorsqu'elle est contrariée, ce vert émeraude vire au gris irisé et, dans ses moments de joie, le cristal se transforme en saphir bleu nuit. Les multiples nuances de son regard hypnotisent quiconque la fixe un instant.

Théâtre ou trottoir, théâtre ou trottoir… Ce sinistre mantra cogne dans son cerveau, pensée parasite qui l'empêche de s'endormir. Au réveil, Youle est devant son lit, monolithe menaçant aux traits déformés par la colère. Sarah n'aura plus à se torturer. La décision est prise. Lassée de sa vie galante, elle passe le relais à sa fille et la charge d'entretenir toute la tribu. Maman prend sa retraite. Quant à Rosine, qui déboule dans la chambre de sa nièce deux minutes plus tard, elle lui tient le même discours. Toutes deux ont bien pris acte de sa nullité en tant que comédienne. Avec ce caractère et cette dégaine, elle n'arrivera à rien. De plus, elles la jugent ingrate. Ne se rend-elle pas compte qu'elle vit depuis trop longtemps à leurs crochets et qu'il est temps qu'elle s'active ? Sarah s'est assise dans son lit d'enfant et les écoute, éberluée. Rosine monologue. Son éducation sentimentale se résume à quelques phrases de propédeutique libertine. « Il faut chercher pour trouver, explique-t-elle doctement. Faire la chasse à l'homme, inlassablement, saisir la moindre occasion. Que crois-tu que nous fassions, ta mère et moi, depuis toujours ? Et, ajoute-t-elle, ne regarde ni à la beauté ni à l'âge, concentre-toi seulement sur le porte-monnaie ! »

Finies les planches, donc. Place au caniveau. Le soir même, on endimanche l'apprentie catin : robe de soie mauve, capeline à plumes laissant filtrer sa crinière fauve, bottines de cuir noir. Direction le théâtre des Variétés, où les sœurs louent une « baignoire » à l'année. Dans l'orchestre, les hommes en habit lorgnent derrière leur monocle les célèbres cocottes, se promettant de les interroger à l'entracte sur l'identité de la jeune et séduisante personne qui les accompagne. Le stratagème paye. À la fin du spectacle, Youle et Rosine repartent en fiacre, tandis que Sarah se laisse raccompagner, à pied, par un beau trentenaire coiffé d'un haut-de-forme. Il s'appelle Charles, vicomte de Kératry. Grand, mince, élancé, son regard bleu laser électrise sa conquête. Elle est aux anges ! Pour un essai, c'est un coup de maître. Sa mère et sa tante seront fières d'elle. Ce gentleman est lieutenant détaché au ministère de la Marine. Il la traite comme une dame, la charme, la complimente et lui fait promettre de le revoir dès le lendemain en la quittant au pas de sa porte.

L'aime-t-elle ? Elle l'ignore. Youle et Rosine ont bien insisté sur ce point : les sentiments sont superflus. Ce qui compte, c'est qu'on la désire, elle, qu'on soit prêt à la couvrir de bijoux, qu'on perde littéralement la tête pour sa petite personne. Ces inepties l'empêchent donc de laisser parler son cœur. Elle se forge une armure, s'endurcit et ne ressent plus rien, ni frissons ni attachement. Puisque c'est ce qu'on attend d'elle, elle deviendra une poupée mécanique, un guichet de banque asexué, un coffre-fort en jupons. C'est étrange, les hommes du Second Empire semblent tous adhérer à la choquante théorie de sa famille. Tous ceux qu'elle va croiser pendant cette douloureuse période se fichent éperdument du cœur, ils ne songent qu'aux plaisirs tarifés. Hier soir au théâtre, un septuagénaire ventripotent lui a discrètement glissé sa carte de visite au second acte. Et voici que Charles, qui la reçoit dans son appartement, la déshabille en lui murmurant qu'elle est la première vierge de sa vie et qu'il est littéralement fou d'elle. De cette heure de folie, il la dédommage d'ailleurs grassement, avant de lui prêter sa voiture et son cocher afin qu'elle quitte au plus vite son domicile. Pauvre petite folle de dix-neuf ans, sans expérience, crâneuse, poseuse, victime, abandonnée ! Au matin blême, dans le fiacre qui gigote, Sarah sanglote, le khôl et le fard coulent, formant une pâte gluante qui encrasse ses joues. Pour un rectangle de papier imprimé, elle a vendu sa virginité. C'était violent et détestable, même si l'homme, lui, ne l'était pas. Un bon bain chaud, voilà ce qui la requinquerait, lui donnerait une dose de vitalité et la force d'oublier.

Elle entre, dépenaillée, l'air hagard. Rue Saint-Honoré, Youle et Rosine attendent leur meilleure disciple, leur gagneuse, leur vache à lait. Aucun client alentour. Ses demi-sœurs sont allées se promener au parc avec Mme Guérard. Le salon est vide. Son gain, elle le dépose dans la boîte à cigares en ébène prévue à cet effet. Les sœurs Bernard extirpent les billets de la cagnotte et esquissent un sourire. Au fond, son cas n'est pas désespéré. Elle rapporte, elle a retenu l'essentiel de leurs leçons. Pour la forme, Rosine réitère un principe fondateur : « Sarah, rappelle-toi :

il te faut des clients, pas un amant. Un amant est un seigneur et un maître. C'est un joug. Il ne faut pas. » Comment a-t-elle deviné ? Sarah n'a pourtant rien raconté de son début de liaison avec Charles. Ces femmes sont décidément diaboliques. À leur décharge, l'amour, si elles l'ont connu, ne leur a apporté que des malheurs. Impossible de leur demander à elles qui ne sont pas mariées et dont l'une a mis au monde deux enfants de deux pères inconnus de se montrer sensibles au coup de foudre. Et puis, Sarah le sait bien, Charles n'est pas le prince charmant qu'elle espère. Ce noceur passe ses journées et ses nuits au Cercle où il dilapide l'héritage qu'une tante lui a promis avant même de l'avoir obtenu. Il a des dettes que l'empereur, généreux jusque-là, ne paye plus, et quand il se remplume, ce noctambule file s'encanailler.

Il est lancé dans le monde. Drôle, caustique, mordant, chef de file d'une bande de viveurs, il vadrouille toute la nuit du café de la Paix au Tortoni, rue Taitbout. C'est l'âge d'or des dandys et celui des cafés de la Rive droite, quartier général des royalistes. Au café Anglais, on recense vingt-deux salons et cabinets particuliers. Charles et ses amis annexent le Grand Seize, sorte de boudoir libertin où le champagne coule à flots. Non, même s'il lui signifie régulièrement son affection en lui envoyant des mots doux et des invitations aux vernissages, elle sait qu'il n'est pas celui qui la tirera d'affaire. Et comme sa mère referme la boîte à cigares en lui répétant pour la centième fois qu'elle doit trouver des clients sérieux, Sarah explose : « Veux-tu que je couche avec les tiens ? » Une insulte ? Une gifle. Le geste part et Sarah s'enfuit en claquant la porte.

Vers qui se tourner ? Charles est amusant, attentionné mais fauché. Quand elle lui a demandé de lui donner son « mois », il a éclaté de rire. Son « mois », comme si elle était son employée ou sa soubrette. Elle ne sait pas se comporter, elle n'a aucun savoir-vivre. L'étude des grands textes, ajoutée à sa mauvaise éducation, font d'elle un être hybride. Quand elle s'exprime, un mixte de formules lyriques et de grossièretés confère à son discours une dimension burlesque et bancale. La classe sociale à laquelle elle appartient n'est pas répertoriée. De toute façon, elle n'a pas le choix. Youle l'a mise devant le fait accompli. Grâce au juteux magot qu'elle a accumulé, celle-ci loue désormais un immense cinq-pièces boulevard Malesherbes. Y seront les bienvenues : Rosine, Jeanne et Régina. Quant à l'aînée, on lui a réservé un petit entresol, tout à fait indépendant du reste de l'appartement. Magnanime, Youle l'a joliment meublé, non pour plaire à sa fille, mais aux clients qu'elle recevra. Le tiroir-caisse, encore et toujours ! Il n'y a donc que cela qui motive cette femme. Et comme si cela ne suffisait pas, la voici qui cajole Jeanne, sa fille favorite. La dernière lubie de Youle ? Elle voudrait que Sarah prenne Régina, la petite dernière, à sa charge. « Prends-la, dit-elle, elle est insupportable. Je resterai avec mon Jeannot. » Jeannot est le surnom masculin et mignard qu'elle donne à sa chouchoute.

La coupe est pleine. Cupide, vicieuse, égoïste, indigne, et cruelle. Cette mère-là, Sarah n'en souhaite à personne une semblable.

Après six mois de papillonnage rémunéré, sa liaison avec le beau lieutenant s'achève. Ils restent néanmoins bons amis et son carnet d'adresses est fourni. Grâce à ce réseau, elle est engagée au théâtre du Gymnase pour arrondir ses fins de mois. Ce sont de navrantes panouilles, où, parmi cinquante filles légèrement vêtues, elle fait partie d'un chœur de nymphes aguichantes. Le méchant critique Francisque Sarcey a donc raison. Elle est décidément « insuffisante », en tout. Comme comédienne et comme courtisane. Les nombreux clients qu'elle alpague se détournent d'elle rapidement, lassés de ses caprices, de ses tirades amoureuses qui sonnent faux, de ses délirantes exigences et de ses crises de larmes. Elle est facile à prendre et plus facile encore à quitter. Lorsqu'elle est dans la dèche, Sarah se résout à travailler dans des maisons closes. Son nom apparaît dans les fichiers de la police de l'époque. Puis, elle retourne à son impossible quête : mettre la main sur un homme du monde, beau, libre, amoureux d'elle et richissime, afin de satisfaire aux ordres maternels. En vadrouillant, elle croise un panel intéressant : un journaliste très lancé qui la présente à la crème de la finance et des lettres, un ambassadeur du Maroc, un négociant en liqueurs, un banquier véreux, un député de Champagne, et, prise suprême, trophée de son tableau de chasse ; le prince de Ligne, *himself.*

Il est l'un des héritiers d'Eugène François Charles Lamoral, qui règne sur la maison de Ligne. Le père d'Henri est une pointure, sa réputation le précède : le roi Léopold lui a demandé de représenter la Belgique au couronnement de la reine Victoria à Londres et du tzar Alexandre II à Moscou. Ambassadeur à Paris, il organisa, sous Louis-Philippe, les plus somptueuses sauteries du temps. Henri n'a ni sa puissance ni sa fortune lorsqu'il croise celle qui croit encore au prince charmant, à Paris, en 1862. Mais sur elle, il produit un effet bœuf. Il a quarante ans, soit vingt de plus qu'elle, une façon de porter la redingote et une prestance aristocratique qui la font fondre. C'est au jardin des Tuileries qu'a lieu la rencontre. Le prince bruxellois s'assoit sur un banc et écoute, intrigué, la grande scène du IV que Sarah débite à toute allure. Il y est question d'ambition théâtrale, de misères familiales et de peines de cœur. Elle y met tant de talent et d'ardeur que son spectateur, qui affectionne les actrices, succombe. Le soir même, la voici dans les draps princiers.

De ce bref épisode érotique naîtra neuf mois plus tard Maurice, son fils, son enfant adoré, idolâtré, son seul et unique trésor, et une kyrielle d'ennuis. Son Altesse repart pour Bruxelles, ne donnant évidemment plus jamais de nouvelles à son éphémère conquête. En attendant, Sarah, enceinte et déprimée, poursuit sa vie de bamboche. Une nuit chez l'un, une nuit chez l'autre, la troisième dans une maison de passe. Elle a vingt ans, elle est neurasthénique, reçoit ses clients dans son entresol du boulevard

Malesherbes et fait le tapin en tâchant de cacher à sa cruelle famille qu'aux quatre bouches à nourrir, il lui faudra bientôt ajouter une cinquième. Le sort s'acharne. Chez les Bernard, il semble que les mères-filles se succèdent de génération en génération. Mais son ventre gonfle et la trahit. Youle n'est pas dupe et la chasse définitivement de l'appartement. Il n'est pas question d'accueillir un bâtard. Sait-elle seulement qui est l'individu qui l'a mise dans cet état ? Non, évidemment ! Quatre, cinq ou dix hypothèses toutes plus improbables les unes que les autres sont avancées. L'atmosphère s'enflamme. Youle hurle, insulte, gifle son aînée, qui réplique timidement qu'elle porte en elle un embryon de sang royal. Cette affabulation fait monter la colère maternelle d'un cran. Il n'y a pas à tergiverser. Il faut déguerpir et, cette fois, définitivement. S'éloigner de cette mère toxique, de ce foyer qui n'en est pas un, prendre la tangente.

Aux amis qu'il lui reste, Sarah demande leur avis. Marie Colombier, une brune plantureuse qui, comme elle, cumule deux emplois, comédienne et prostituée, la conjurent de trouver une chambre à elle. Le vicomte de Kératry est du même avis. Aidée financièrement par ses clients, elle parvient à louer un grand appartement rue de La Fayette. Adieu les sœurs et les demi-sœurs Bernard ! *Exit* la smala, le harem neurasthénique. Enfin, elle va exister sans elles. Une jeunesse enivrante, un Second Empire personnel délimitent son horizon. La bohème ! La bamboche ! Elle s'entourera de camarades – elle ne veut plus d'amants –, fera la fiesta jusqu'à l'aube, l'alcool coulera à flots, l'opium liquidera les angoisses, les chants et les danses seront chaque jour inscrits à son extravagant programme. N'a-t-elle pas l'âge de s'amuser comme elle l'entend ? Certes, elle ne s'exile pas bien loin de son passé. Son périmètre quotidien ne change pas. La Rive droite, ses hôtels, ses grands boulevards, ses marchandes de violettes de la rue de Constantinople, ses omnibus, les terrasses des cafés où les gentlemen refont le monde en sortant des théâtres, ces arrondissements parisiens – le IXe, le Xe, le XVIIe – où elle a grandi, sans morale et sans repères, sont définitivement les siens. Mais elle vivra désormais selon ses propres règles. Pour fêter son emménagement, elle se rend à la Chaussée d'Antin. On a repensé l'architecture du Siège de Corinthe, son grand magasin préféré. La façade du porche oriental, repeinte en blanc neige, étincelle. La vie est belle. Et au premier étage – confection femme –, Sarah flambe sa semaine de gains dans un peignoir de soie japonisant, noir, incrusté d'éventails roses et de serpents turquoise. Elle l'enfile et se juge irrésistible. Marie lui dit qu'elle n'en aura pas l'usage. Sarah est d'accord, mais elle paye comptant le chatoyant objet que la vendeuse empaquette, et lui répond en riant : « J'ai vingt ans, j'attends un enfant, j'ai bien le droit de me faire plaisir, quand même ! » Ce « quand même ! » gouailleur et cinglant, ce mot de passe qui ne veut rien dire et la résume entièrement, sait-elle qu'il va devenir sa devise pour le reste de sa vie ?

PETITE IDOLE

Le grand-homme-des-lettres-françaises ouvre la porte de son cabinet de travail. En veste de velours sur chemise à col cassé, monocle à la main, Paul Bourget scrute l'invitée de son regard laser. Julia est impressionnée mais, en bonne comédienne, n'en montre rien à son hôte. Elle entre, affable, gracieuse. Pour sa visite à l'académicien, elle a choisi, chez Jeanne Lanvin, un tailleur en drap de laine de couleur taupe, qui lui donne l'air sérieux. Va-t-il l'introniser ? C'est son but et elle a des atouts. Le très catholique et royaliste Bourget est fou d'elle, il la bombarde de missives enamourées. Elle tâche donc d'oublier la liste des sommités qui, dans ce bureau de la rue Barbet-de-Jouy, l'ont précédée. Seuls quelques illustres amis du maître – Émile Zola ou Alphonse Daudet – ont eu ce privilège. Au-dessus de la cheminée se découpe une fresque de Luini représentant l'Adoration des rois mages. Contre la fenêtre, une reproduction de la silhouette masculine de George Sand peinte par Delacroix projette un clair-obscur réconfortant. Paul n'a rien contre les femmes de lettres. Partout, des livres qu'on lui adresse, empilés sur des chaises, encore serrés dans leurs enveloppes. Sur les rayonnages de la bibliothèque sommeillent les œuvres complètes de Balzac et de Walter Scott. Le masque mortuaire de Tolstoï complète le décor de ce lieu monacal tout entier dédié à la littérature.

— Cher ami, quand donc aurons-nous un nouveau roman de vous ? Je vous ai dit à quel point j'ai aimé *Némésis*, *L'Écuyère* et *La Geôle*, l'an dernier. Mais voyez-vous, lorsqu'on est, comme moi, admirative de votre prose, on en veut toujours plus. Nous sommes comme des opiomanes qui réclament leur substance grisante.

— Julia, vous me flattez. J'achève en ce moment quelque chose qui devrait vous plaire. Cela s'appellera *Le Danseur mondain*. Mais vous êtes ici pour me parler de votre projet. Votre lettre a piqué ma curiosité. Vous voulez donc écrire une vie de Sarah Bernhardt ? C'est une excellente idée. Cela passionnera le public.

— Aurez-vous la bonté d'en lire quelques pages ?

— Aussitôt que vous me les enverrez, bien sûr. Et j'y ajouterai des remarques que je vous ferai parvenir. Vous êtes, à mes yeux, la plus grande interprète de Racine. Inoubliable en Bérénice. Selon moi, vous surpassez La Bernhardt... Mais voulez-vous, je vous prie, m'expliquer ce qui motive votre décision d'écrire sur Sarah ?

Ce qui la motive ? Il en a de bonnes, le très-grand-écrivain. Il vient de lui décerner le premier prix de tragédie, un éloge trafiqué. Son œil frise, ses mains s'agitent, il ôte nerveusement son monocle qui gigote dans la poche de son gilet. Non, elle n'est pas la plus grande comédienne française, il le sait bien, le public et les critiques aussi. Le monde entier est au courant. La géante, la géniale, la championne toutes catégories s'appelait Sarah et on l'a enterrée le mois dernier. Tout ce que veut le Vénérable Académicien, c'est parvenir à ses fins – deux ans qu'il lui fait la cour – et pour cela, il est prêt à toutes les obséquiosités. Par ailleurs, cet as de la psychologie féminine a très bien compris que Julia souffrait d'une incurable maladie puisque lui-même a passé sa vie de romancier à en décortiquer les symptômes. Jalouse, Julia est jalouse. La gloire de Sarah a constamment éclipsé la sienne. Elles ont joué les mêmes rôles – les plus grands du répertoire classique –, se sont frottées aux mêmes obstacles, ont décroché chacune une Légion d'honneur, ont connu les mêmes partenaires, directeurs de théâtre, journalistes, amants. Et de ce bras de fer qui a duré toute une vie, c'est la défunte qui triomphe.

Qu'il ne compte pas sur elle pour lui avouer l'inavouable. Et puis, il aura tout le loisir de se faire une idée quand il lira les pages qu'elle est en train d'écrire. Qui a besoin de connaître ses motivations ? Elle quitte Bourget – rive gauche – et regagne son appartement – rive droite. Elle enfile un kimono bleu indigo, envoie valser ses escarpins et, pieds nus sur le parquet, se déguise en écrivain inspiré. Une tasse de thé brûlante, voilà ce qu'il lui faut. Un subtil earl grey qui vient de Londres infuse dans la bouilloire. Sur le gramophone grésille la *Sonate pour violon* de

Debussy. Julia s'installe à sa table de travail. Elle avait quitté Sarah, vingt ans, mère célibataire plus ou moins sans abri, tapinant à heures fixes pour gagner sa vie et celle du petit harem familial : sa mère, sa tante, ses deux demi-sœurs et son fils adoré, son bébé princier, Maurice. Aujourd'hui, elle va rédiger un chapitre décisif de sa vie. Une période de dix ans – de vingt à trente ans – où, la chance lui souriant enfin, tout va basculer. La plume crisse et freine sur le papier vélin. Elle a du mal à écrire, elle est plus à l'aise pour ressentir et interpréter les grands textes. En produire elle-même, c'est une autre histoire. Tant pis, elle a commencé, elle doit continuer à détricoter le mythe de la déesse du théâtre français. Où en est-elle déjà ? Ah oui ! à la séquence de dèche et à la vie de bohème de 1864.

Chassée par Youle qui ne veut pas d'une fille-mère chez elle, la demi-mondaine déménage sans cesse. Au sens propre comme au figuré. Rue Duphot, d'abord, toujours dans le quartier des théâtres et des affaires. Un bébé, une gouvernante et sa sœur Régina, jeune fille préraphaélite aux longs cheveux d'or, semblable à l'Ophélie de Millais, l'accompagnent dans tous ses exodes. Étrange tribu. Sarah n'a pas un sou mais prend tout ce petit monde en charge. Heureusement, elle peut compter sur des alliés, anciens clients devenus amis ou nouveaux amants, pour subvenir à ses besoins. Et puisque tous la jugent si séduisante, si originale, si belle, pourquoi ne pas se faire tirer le portrait ? Et pas par n'importe qui, s'il vous plaît. Elle veut un professionnel, une star de l'image. Certes, elle n'a pas officiellement le statut de vedette, mais pour son cercle d'admirateurs, elle est mieux que ça : une petite idole.

Au 35, boulevard des Capucines, les cinq lettres peintes en rouge, éclairées au gaz par Gustave Eiffel, illuminent la façade. Nadar reçoit l'inconnue culottée dans son splendide atelier flambant neuf. Les murs sont tapissés des légendes du siècle. Nullement intimidée, Sarah identifie Hugo, Baudelaire, Balzac, Zola, Nerval, Dumas, Mallarmé, le duc de Morny, Berlioz, Rossini, Offenbach. Ce panthéon n'abrite que de grands hommes. Elle sera l'exception, la grande femme du siècle. Il est immense, très mince, vêtu d'un gilet rouge sang assorti à sa chevelure rousse ébouriffée. Ces deux rouquins, ces tempéraments jumeaux, se sont reconnus. Sarah et Nadar fraternisent. Son audace lui plaît. Elle n'a aucun complexe, elle est impertinente et drôle. C'est une nature. Ce sympathisant de la cause anarchiste, cet adversaire de l'empereur, cet amateur de montgolfière va aider la cocotte à s'élever au sommet de l'Olympe. En pygmalion inspiré, il la fait poser, de demi-profil, adossée à une colonne antique. Le tact rapide de Nadar capture une sensation. Drapée d'une toge de velours noir, ses épaules blanches et dénudées mises en valeur par contraste, sans maquillage ni bijou, Sarah surgit telle quelle, marmoréenne et distante. On discerne un atout majeur : son regard phosphorescent. Le cliché en noir et blanc intrigue. Il propose plusieurs nuances d'elle-même : la rêveuse, la sensuelle, l'Orientale, la mystérieuse, la femme fatale. Pour un coup d'essai, c'est un coup de maître. Les photos font le tour de la capitale. Cerise sur le gâteau, le portraitiste l'introduit dans son cercle très privé. La haute bohème parisienne l'adoube. Le peintre Gustave Doré et le dramaturge Victorien Sardou la vénèrent. Les écrivains de l'atelier veulent tous lui écrire un petit quelque chose qu'elle pourrait interpréter. Ces artistes la projettent en artiste. Ils la poussent à persévérer. Ils sont sûrs de son karma. Au théâtre, elle sera renversante. La nouvelle Rachel, c'est elle. D'ailleurs, ils estiment qu'elle est déjà des leurs. Eh bien, soit. Elle va tâcher de remonter sur scène. Après tout, ce serait plus amusant que prostituée de luxe, même si elle n'est pas sûre de gagner autant.

En attendant, elle chasse habilement, toujours dans le milieu de la finance, du journalisme, de la politique ou du grand monde. L'argent, la publicité et l'aristocratie sont les piliers du Second Empire. Pour s'élever socialement, une fille habile doit actionner ces trois leviers sans répit. Elle sait faire, la diablesse. Logique et déterminée, elle embobine des hommes de pouvoir. Ceux qui pilotent le cours de la Bourse : bonne pioche, le banquier Jacques Stern et le richissime diplomate turc Khalil-Bey sont à ses genoux. Ceux qui ont la main sur les petits journaux dont Balzac dépeint la prolifération dans *Illusions perdues*. Deux des plus puissants patrons de presse lui mangent dans la main : Émile de Girardin, pionnier de la réclame et des romans-feuilletons, et

Arthur Meyer. Sarah n'a pas d'argent, mais elle a des idées. Elle, qui n'a pas encore fait ses preuves sur les planches, possède déjà une légende grâce à ses mentors. Les colonnes de leurs gazettes regorgent d'anecdotes sur cette Madame Sans-Gêne dont le Tout-Paris connaît déjà le patronyme. Sarah s'évanouit : vingt lignes dans *Le Gaulois*. Sarah crache du sang – en réalité, elle se pique une gencive avec une aiguille qu'elle dissimule dans sa manche puis exhibe son mouchoir rougi pour émouvoir ses amants : la nouvelle dame aux camélias obtient un feuillet. Sarah possède deux tortues géantes dont les carapaces sont incrustées d'or et de pierreries. *Le Figaro* lui consacre une page. Sait-elle qu'elle est fichée par la préfecture de police en tant que « courtisane » ? Rien n'est moins sûr.

Son personnage est au point, elle se réinvente en personnalité drôle, corrosive, incontournable et piquante. Quant à Francisque Sarcey, fameux critique théâtral qui l'avait éreintée à ses débuts, le voici dans ses draps, prêt à pondre un dithyrambe dès qu'elle réintégrera la scène. Et, bonne nouvelle, elle est engagée à l'Odéon. Un rendez-vous avec Camille Doucet plus tard, l'affaire est pliée. Cet ancien client de Youle dirige l'administration des théâtres au ministère de la Maison de l'empereur. Le piston agit sans tarder. Félix Duquesnel, directeur associé de l'Odéon avec Charles-Marie de Chilly, engage la pétillante jeune femme. Par précaution, Sarah séduit Félix, au cas où. Lequel la décrit ainsi : « Elle n'était pas jolie, elle était pire… une créature merveilleusement douée, intelligente jusqu'au génie, d'une grande énergie sous son apparence si frêle et d'une volonté sauvage. ». Mais la créature merveilleusement douée n'essuie que des échecs. En Sylvia dans *Le Jeu de l'amour et du hasard*, elle est inaudible. Marivaux ne lui va pas au teint. Molière non plus. L'Armande des *Femmes savantes*, elle n'y comprend rien et ne parvient pas à en faire une précieuse ridicule. Avec George Sand – la romancière nationale –, cela ne va pas non plus. Les deux femmes se jaugent et ne s'apprécient guère. Dans deux de ses pièces, la débutante est décevante. Clairvoyante, flairant son ambition dévorante, Sand la décrit dans son journal comme « une grue prostituée » et une « toquée ». Quant à Sarcey, critique amoureux, il voit juste en cernant son je-m'en-foutisme : « Elle joue nonchalamment, écrit-il, comme si elle faisait un métier qui l'ennuie. »

Ce qui l'assomme, ce n'est pas de jouer mais de stagner. Deux ans qu'elle est à l'Odéon, la plus prestigieuse salle de Paris après la Comédie-Française, et rien ne bouge. Aucun signe de cette gloire qu'elle attend et qu'elle juge méritée. Sarah s'impatiente, Sarah trépigne et ne décolère pas. Qui peut donc lui donner ce coup de pouce, cette réclame dont elle a tant besoin ? Elle-même, évidemment.

Duquesnel aimerait monter *Ruy Blas* mais Napoléon III refuse car la représentation d'*Hernani* à la Comédie-Française a donné lieu à une mémorable bataille rangée : supporters de l'empereur contre républicains. Hugo, toujours en exil, demeure une signature hautement inflammable. Ce sera donc *Kean*, d'Alexandre Dumas. Las, les étudiants du Quartier latin, hugolâtres historiques, huent le spectacle en réclamant le *Ruy Blas* censuré. Sarah, qui joue dans la pièce, ose alors l'impensable. S'avançant sur la scène, sous les sifflements du public, la jeune femme de vingt-sept ans déclare d'une voix tremblante : « Mes amis, vous souhaitez défendre la cause de la justice. Est-ce bien la servir que de rendre ce soir M. Dumas responsable des décrets qui ont proscrit M. Hugo ? » Au lieu de l'agonir d'injures, l'orchestre applaudit le bon sens de la comédienne. En deux phrases, elle est devenue la nouvelle coqueluche du Quartier latin et l'idole des jeunes. Dans la foulée, le directeur l'augmente et elle peut quitter la rue Duphot pour un grand appartement qu'elle loue au 16, rue Auber. Viennent ensuite la consécration et le premier rôle travesti de sa carrière. François Coppée, poète débutant, rédige *Le Passant*, une petite pastorale en un acte. Le passant est un page florentin nommé Zanetto que Sarah incarne avec ferveur, habillée d'un justaucorps de velours grenat, d'un collant vert d'eau et coiffée d'un calot vénitien orné d'une plume de faisan. Elle imprime la rétine. Ce n'est pas un succès, c'est un triomphe ! Des cartes postales de Zanetto circulent dans Paris, les étudiants ont élu leur nouvelle icône romantique. Quant à Napoléon III, il l'invite à jouer aux Tuileries devant la cour. Lancée en une soirée ! Elle y est, elle a enfin touché les cieux. Célèbre : Sarah martèle ses deux syllabes, ce doux mantra, en caressant la broche d'or et de diamants que vient de lui offrir l'empereur.

Elle dresse mentalement la liste de ce qu'il lui reste à conquérir : les banquiers ? C'est fait. Les journalistes influents ? Aussi. Il lui manque une carte, celle qui permet d'accéder au faubourg Saint-Germain, sélecte enclave de l'aristocratie et de la grande bourgeoisie, cénacle ultra-verrouillé dont un spécimen ailé va lui ouvrir les portes. Charles Haas entre en scène. Merveille, éblouissement réciproque ! Elle est vêtue comme une grisette, il porte des queues-de-pie coupées sur mesure, un haut-de-forme lustré, un œillet blanc à sa boutonnière et ses fines phalanges sont insérées dans des gants beurre frais. Plus mal assorti que ce binôme, on ne fait pas. On dirait un chérubin amoureux d'une cartomancienne. Il est un peu efféminé, elle a quelque chose d'androgyne. Ils n'ont en commun qu'une fantaisie appuyée et le goût de la débauche. James Tissot a représenté Charles dans *Le Cercle de la rue Royale*, une allégorie des douze dandys à particule qui règnent alors dans les salons. Tous sont assis, lui pas. D'un pas leste et souple, il semble surgir à la dernière minute, pressé, comme en retard, à la limite du cadre. Ses cheveux blond-roux, sa silhouette effilée, son talent de collectionneur, sa carte de membre au Jockey Club, son oisiveté hissée au rang d'œuvre d'art, Marcel Proust les ventilera quelques années plus tard dans les sept tomes de la *Recherche*. L'esthète Charles Haas en est l'un des héros, rebaptisé Charles Swann pour l'occasion.

Vignette emblématique d'un monde finissant, blason mélancolique d'un Second Empire essoufflé où les êtres sont assignés à leur statut social, Swann résume une époque. Sous Napoléon III, l'habit fait le noble ou le roturier : on est ce que l'on porte et l'on porte ce que l'on est. Les signes extérieurs de richesse, les toilettes et les apparences définissent l'individu plus que sa carte de visite ou son pedigree. Avec ses robes jaune serin et ses chapeaux coniques piqués d'épis de maïs, Sarah ne franchirait jamais le porche d'aucun hôtel particulier de la haute société. Elle serait refoulée à l'entrée. Haas déverrouille tout pour elle. Son amourette avec lui relève donc de la transgression et de l'exploit. C'est elle qui mène le jeu, bien sûr. Il lui présente le prince de Galles, le peintre Degas et le vénéneux Robert de Montesquiou, homosexuel, poète et rentier qui, armé d'une canne à pommeau de jade, entrera lui aussi dans le microcosme de Proust sous le déguisement du baron de Charlus. En échange, elle joue pour lui la partition de la femme fatale, elle le fait rire avec sa gouaille et ses pitreries d'hystérique non traitée. Cela le change des comtesses poudrées et des bals masqués où l'on se cache pour mieux se montrer. Proust ne s'y est pas trompé puisqu'il a aussi accueilli Sarah dans sa fresque. Elle y figure la Berma, une divine diva dont le narrateur ne manque aucune des apparitions sur scène.

Infatigable Sarah ! Où trouve-t-elle l'énergie pour apprendre ses rôles, coucher avec cinq ou six partenaires différents, s'occuper de son fils et de sa sœur qui file un mauvais cocon et s'adonne, elle aussi, comme toutes les filles de la tribu, au libertinage ? On ne sait pas. Pitre et stratège, elle fait de son appartement de la rue Auber un salon très couru. Pourquoi ? Parce qu'elle ne sait rien faire d'autre. Parce que sa mère lui a montré la voie. Au 16, rue Auber, on couche cosmopolite : des Égyptiens, des Espagnols, des Sud-Américains – tous millionnaires – sont abonnés à ce qu'ils appellent « la ménagerie », local meublé comme une brocante, étonnant foyer d'accueil pour un petit garçon, une adolescente tourmentée, une gouvernante et une domestique. Mais Sarah se fiche des apparences, Sarah manipule tout ce qui bouge, Sarah est magnétiseuse et croqueuse d'hommes. Avec ses allures de bohémienne, c'est une gitane sans filtre qui dit ce qu'elle pense et fait ce qu'elle dit. Lorsqu'elle souffre de nausées, elle se flanque un cataplasme de farine de lin sur le ventre. La petite cour éclate de rire et la surnomme « flic-flac ». Le ridicule ne lui fait pas peur. Elle veut faire rire, même à ses dépens, et ça marche. Dépourvue de tact, adepte d'un langage grossier, de formules choquantes, ignorante des codes du savoir-vivre, elle redéfinit les règles et impose son style. « Qui m'aime me suive » : telle est sa devise. Résultat, le monde entier est à ses pieds.

Le monde entier moins sa mère, hélas. Cette femme vénale est son talon d'Achille pour la vie. Quand Youle fait irruption chez elle, Sarah redevient la petite fille abandonnée en quête d'affection maternelle. C'est plus fort qu'elle. Sa mère l'agonit d'injures, elle subit le sermon sans répliquer, muette et désespérée. Immobile, blottie dans un fauteuil en attendant que l'orage passe, elle improvise alors une mimique stupéfiante. Elle se fait une tête de mélodrame. On jurerait qu'elle rêvasse ou qu'elle est en transe. Le regard levé vers le ciel, tel un pierrot lunaire, elle dirige ses orbites à droite et à gauche à toute allure. On ne discerne plus que le blanc des yeux, un lac de nacre ourlé d'une frange de cils, spectacle inquiétant. Ses amis connaissent bien ce tic et le redoutent. Sa mère aussi. Elle a coutume de l'interrompre en criant : « Sarah, tu plafonnes, arrête de plafonner ! »

La fille qui plafonne ne manque pas d'aplomb. Le jour où un incendie se déclare rue Auber, la voici ruinée… pas pour longtemps. Ses adorateurs l'aident à régler la facture et renflouent son compte en banque. La ménagerie s'expatrie dans un entresol, au 4, rue de Rome. C'est un mécénat d'art… sans artiste. Car elle ne fait que débuter, au fond. Elle n'est personne et elle est une reine, paradoxe inouï. Vedette d'un théâtre de poche – le sien – elle joue à guichets fermés pour un fan-club d'une centaine de personnes : ses amis, ses amants, ses clients. La rue de Rome, qui tient du claque, du cabaret et du hall de gare, ne fait jamais relâche.

Les pulsions belliqueuses non plus, hélas. Le 19 juillet 1870, la France déclare la guerre à la Prusse. Elle n'a pas d'alliés et l'armée française est écrasée puis vaincue dans les Ardennes à Sedan. À la fin de l'été, Napoléon III capitule avant d'être fait prisonnier. Le 4 septembre, à l'hôtel de ville de Paris, la IIIe République est proclamée tandis que les troupes prussiennes assiègent la capitale. Changement de décor : partout, le chaos, la famine, la misère. C'est alors que Sarah se réinvente en infirmière, en héroïne patriote, en petit soldat courageux. L'un de ses premiers amants, le vicomte de Kératry, devenu préfet de police, l'autorise – il n'a jamais su lui dire non – à transformer l'Odéon en hôpital pour les militaires blessés. Dans les loges, à l'orchestre et même sur la scène, les lits des malades occupent l'espace. Jour et nuit, la comédienne se dévoue, soigne, nourrit, console et, comme toujours, utilise ses contacts. L'hiver est particulièrement rude mais les Rothschild fournissent vin et eau-de-vie, Menier livre du chocolat, Félix Potin du riz, des sardines, des pains de sucre et des lentilles. La fillette qui désirait ardemment devenir religieuse sommeille toujours en elle. Elle a enfin l'occasion de prouver sa grandeur d'âme, d'effacer ses années de débauche. Pour la première fois depuis bien longtemps, son ego passe à la trappe. Quelques mois plus tard, les canalisations du sous-sol éclatent, le théâtre est inondé, il faut changer d'adresse. Les convalescents sont transférés au Val-de-Grâce, Mère Courage ne dételle pas. Avec ce sens de la débrouille qui est sa marque de fabrique, elle trouve un immense logement rue Taitbout où elle veillera ses protégés jusqu'à l'armistice.

À ce stade du récit, Julia s'interrompt, se lève, fait les cent pas, pose sa plume, agacée. Le problème avec Sarah : elle n'est jamais là où on l'attend. Imprévisible, fantasque mais dotée d'une générosité hors norme, ce phénomène force le respect. Elle est aussi narcissique qu'altruiste. C'est déroutant. On veut la démasquer, on voit clair dans son jeu de garce manipulatrice et soudain, surgit l'événement qui fait d'elle une personnalité admirable, en dépit de toutes ses bassesses. Elle était la débutante prometteuse de l'Odéon et la voici sur les traces de Florence Nightingale, l'infirmière qui redéfinit le paysage sanitaire dans l'Angleterre du XIXe siècle. On surnomme cette visionnaire « *the lady with a lamp* ». Avec ses macarons et ses cols boutonnés jusqu'au menton, la prude Florence est l'antithèse de Sarah, qui soigne ses soldats en déshabillé froufroutant. Julia, elle, n'aurait jamais su faire preuve d'une telle énergie. Bluffée, elle se remet au travail…

1870 : le drapeau rouge de la Commune flotte sur la capitale. En 70 jours, 70 journaux sont lancés. Partout, des amitiés se nouent, des cantines municipales s'organisent, des barricades, des armes et des tueries. La ville est le théâtre d'un chaos inouï. Entretenue par Stern, Sarah s'expatrie alors avec sa tribu à Saint-Germain-en-Laye, annexe de l'élite parisienne. Elle n'est pas communarde, elle est pacifiste, nuance. Comme toujours, son carnet mondain s'enrichit : Gambetta lui fait la cour, ainsi que le beau capitaine O'Connor, un aristocrate irlandais qu'elle a fauché à sa petite sœur Régina. Après la semaine sanglante du 22 au 28 mai, l'ambulancière regagne son domicile parisien, surmenée et dépressive au dernier degré. La ville en cendres, les morts en pagaille, les odeurs de fumée la dévastent. Les versaillais ont terrassé les communards. La vie normale peut reprendre son cours, chancelante, bancale. On ouvre même les théâtres. Aux Prussiens qui ont raflé l'Alsace et la Lorraine, la jeune actrice voue une haine tenace. Bien plus tard, au sommet de sa gloire, elle se produira sur toutes les scènes européennes, mais l'Allemagne restera sur sa liste noire jusqu'en 1902. Quand on a du caractère et des principes, on ne badine pas avec l'ennemi. Sarah a le blues, Sarah est déboussolée. À quoi bon remonter sur les planches ? Et si la guerre recommençait ? Ses amis, ses amants, cette ingérable famille qui n'en est pas une : tout lui pèse. Elle rêve d'une âme sœur qui saurait l'épauler. Elle décide de tout toute seule depuis si longtemps ! Qui lui donnera la force de persévérer ?

VICTOR DÉSIRE SARAH

Au même moment, un artiste qui possède en France et dans le monde entier la stature d'un demi-dieu revient d'exil. Dix-neuf ans que cet opposant au Second Empire passe de la Belgique aux îles normandes – Jersey, puis Guernesey – pour échapper à la prison. Homme politique, poète, romancier populaire, auteur des *Misérables* : même ses ennemis admirent Victor Hugo, chef incontesté de la république des lettres. Et puisque la République, la vraie, est de nouveau proclamée, rien n'interdit plus de représenter *Ruy Blas*. Le directeur de l'Odéon est aux anges. Il annonce à Sarah que le très-grand-génie l'a choisie pour le rôle féminin principal, celui de la reine d'Espagne. Comment réagit-elle à cet immense honneur ? En plafonnant, en râlant, en « faisant sa Sarah Bernhardt ». Invitée à une lecture du texte, chez l'auteur, avenue de La Rochefoucauld, la petite peste se fend d'un billet impertinent et décline l'offre au prétexte que la chose doit se faire au théâtre et non au domicile du dramaturge. Comment ose-t-elle ? Victor Hugo, quand même ! Mais pour qui se prend-elle. Pour son égal ? On ne sait pas, mais ça marche. Hugo ne se vexe pas.

Il est émoustillé, plus que charmé et la rencontre a lieu, à l'Odéon, selon les vœux de l'actrice. L'homme présente un embonpoint certain. L'exil a épaissi la barbe, la chevelure est toujours aussi drue et d'un blanc neigeux. L'imposante silhouette est habillée d'un costume noir à revers de velours. Sa montre à gousset est coincée dans son gilet comme pour atténuer l'effet du temps qui passe. Sarah commence par bouder, silencieuse, indifférente. Après tout, elle est bonapartiste et conserve une affection teintée d'estime pour Louis-Napoléon III, l'empereur déchu. Ce grand républicain, cet esprit révolté, ce forçat des lettres l'intrigue pourtant. Elle note son sens de la répartie, sa galanterie. D'apparence négligée, certes, mais si spirituel, attentif et fin, il est attirant. La troupe s'installe sur scène pour la première lecture du texte. Hugo, depuis l'orchestre, griffonne des croquis scénographiques sans interrompre les comédiens. Puis, il s'anime, monte sur scène, reprend Talien dans sa diction, explique à Lafontaine les motivations de son personnage. Hugo metteur en scène ? Déroutant spectacle. Elle, enfant gâtée au dernier degré, le nez en l'air, les mains derrière le dos comme une écolière dissipée, s'assoit sur la grande table de bois, en balançant ses jambes.

Elle voulait se faire remarquer ? C'est réussi. Le maître s'avance, et, mi-figue mi-raisin, lui décoche : « Une reine d'Espagne, honnête et respectable / Ne devrait pas ainsi s'asseoir sur une table ! » La mauvaise élève se sent tout à la fois confuse et troublée. Se faire moucher en alexandrin et par Victor Hugo *himself* : cela ne déplaît pas à sa nature de trublion. Elle décide de l'espionner un peu et, le soir même, depuis la fenêtre de sa loge, Sarah observe une émouvante saynète. Une vieille femme visiblement miséreuse perd ses paquets de linge en traversant la rue. Elle se fige, demeure pétrifiée, tâchant à grand-peine de ramasser son sac sans se faire renverser par un omnibus ou un fiacre. Hugo, qui traverse en sens inverse au même moment, s'aperçoit de sa détresse, s'immobilise à sa rencontre et rattrape le paquetage avant de prendre son bras pour l'aider à rejoindre la chaussée. Personne n'a reconnu la légende du siècle qui – après avoir ôté son haut-de-forme et salué la malheureuse – reprend tranquillement sa route. Sarah est l'unique témoin de cet acte de générosité gratuite, de cet élan vrai, de cette bonté spontanée.

Elle est instantanément conquise. Toutes ses réticences volent en éclats. Le lendemain, au théâtre, la reine d'Espagne et le roi de la littérature se rapprochent, comme aimantés l'un par l'autre. Dès qu'il apparaît, tout s'illumine. Don Salluste et Don César rivalisent d'inventivité. Avec un tel mentor, il n'est pas question d'être médiocre. Hugo, solaire, sublime les qualités de chacun. Quand Sarah apparaît pour les premières répétitions en costume, enveloppée de la vaste cape de velours grenat de Maria de Neubourg, le génie esquisse un sourire et se courbe devant sa souveraine. Elle a décidément une allure royale. Ébloui, il fond et se focalise sur sa grâce ondulante, ses yeux verts et sa voix d'or. Personne ne bouge comme Sarah, qui pratique une très spéciale torsion du corps. Cette liane semble s'enrouler en spirale autour de son centre de gravité. Immobile, en action, sur scène ou à la ville, la ligne serpentine de Sarah envoûte tous ceux qu'elle approche. Hugo songe à ce quatrain de Baudelaire dédié à Jeanne Duval, sa flamboyante maîtresse : « À te voir marcher en cadence / Belle d'abandon / On dirait un serpent qui danse / Au bout d'un bâton ». Cette fleur du mal qui danse en marchant, c'est elle.

Ce n'est pas un coup de foudre, c'est bien mieux : un coup de génie. Des auteurs, elle en a déjà mis quelques-uns dans son lit de bambou harnaché de voiles orientaux. Théophile Gautier, Gustave Doré et bien d'autres. Mais cet illustre romancier est, à tout point de vue, sa plus belle prise de guerre. Il a soixante-neuf ans, elle en a vingt-neuf. Quarante années de différence : Il pourrait être son père et même son grand-père ! Quelle importance, au fond, quand on appartient au même monde, celui des vibrants, des artistes, des amoureux de la lumière ? Leur liaison est torride. Tout Paris s'en fait l'écho. Coucher avec Hugo équivaut à une Légion d'honneur. Le génie de retour dans l'Hexagone et la débutante dont tout le monde parle, l'association décoiffe. Mieux qu'une affiche de réclame ou une grande page dans la presse, cette affaire est susceptible de la propulser au sommet. La petite chérie de la décennie, la favorite du vieux lion, c'est elle. Sa maîtresse en titre, Juliette

Drouet, chez qui il vit alors à Pigalle, n'en prend pas ombrage : elle a l'habitude. Elle reçoit même la jeune vedette à sa table, avec des socialistes allemands et des poètes anarchistes.

Le soir de la première de *Ruy Blas* est un triomphe historique ! Le plus célèbre de ses contemporains a mis Sarah sur orbite. Et leur *love affair* va durer dix ans. Dix ans durant lesquels ces deux sensuels se tromperont allégrement. Qu'importe, ils n'ont ni l'un ni l'autre la religion de la fidélité. Ce sont des oiseaux migrateurs, des oiseaux de paradis. Ils se ressemblent : passionnés, révoltés, incapables d'obéir à quiconque, cette paire de monstres sacrés s'est flairée et adoubée. Maurice, qui a grandi, est souvent jaloux de cet amant-là. Ne murmure-t-on pas dans Paris que maman est enceinte du grand homme ? Elle serait même allée avorter à l'étranger. Un second petit bâtard ? Il n'en est pas question, et puis elle est folle de son fils, qu'elle gâte et bichonne. Il est son plus beau, son unique amour, il n'a pas à s'en faire. Mais pour Victor, Sarah est prête à tout. Ils se retrouvent dans des hôtels, vivent une liaison aussi trépidante que clandestine. Elle donne à son théâtre un brio éclatant. Ses répliques semblent taillées sur mesure pour elle. Ils sont gagnant-gagnant. Le coup du « ver de terre amoureux d'une étoile » – son meilleur vers romantique –, il le recycle pour elle. Lorsqu'elle joue Dona Sol dans *Hernani* en novembre 1876, la sublime tragédienne reçoit de son amant un écrin en galuchat couleur d'émeraude. À l'intérieur gigote un diamant en forme de larme accompagné d'un billet.

« Vous avez été grande et charmante, écrit le poète. Vous m'avez ému, moi le vieux combattant et à un certain moment pendant que le public attendri et enchanté vous applaudissait, j'ai pleuré, cette larme que vous avez fait couler est à vous. Permettez-moi de vous l'offrir. »

De lui, elle permet tout. Ils ont tant de points communs ! Ultra-sensibles, radioactifs, Victor et Sarah sont semblables. Si Hugo fait tourner les tables, Sarah, elle, possède des pulsions morbides, une fascination gothique pour la mort qu'elle projette dans la décoration de ses appartements. La presse révèle ses macabres manies. Le public horrifié apprend que la tragédienne apprend ses rôles et dort dans un cercueil en bois de rose et que sa sœur, adolescente tuberculeuse, promise à une mort prochaine (elle décédera à l'âge de dix-huit ans), partage une chambre mortuaire avec sa fantasque aînée. Son cabinet de curiosités propose également une chauve-souris, un squelette baptisé « Lazare » et un crâne assez shakespearien. Ce morbide présent, Victor Hugo l'a déniché à la faculté de médecine. Pour le personnaliser, il l'a décoré d'un vers sibyllin. Écrit de sa main, on peut y lire : « Squelette, qu'as-tu fait de l'âme ? Volcan, qu'as-tu fait de la lave ? Qu'as-tu fait de ton maître, esclave ? » Une métaphore de leur liaison torride rédigée à l'encre rouge, couleur de sang. Lui, le squelette, elle le volcan. Lui, l'esclave, elle, la maîtresse cruelle qui délaisse sa conquête. Sur le mode élégiaque, un poète vieillissant grave sur des ossements son dépit amoureux. N'est-elle pas son plus beau drame romantique ? Et lui, n'est-il plus son lion superbe et généreux ? Facile à avoir, Sarah est si difficile à garder !

En avant, toute. Cette tornade ne se repose pas sur ses lauriers. Hugo, c'est le passé. Or, elle ne supporte que l'instant présent. Surtout, elle veut plus, toujours plus. S'élever dans les airs, obtenir des louanges, traverser les océans. Personnifiant l'ambition au féminin – une nouveauté –, rien ne l'intimide et nul ne l'arrête. La preuve : l'administrateur de la Comédie-Française lui demande de réintégrer la troupe, qu'elle a rebaptisée « la cage aux fauves ». C'est d'accord. Le prix à payer est celui d'une trahison. Le directeur de l'Odéon, qui l'a fait condamner à 6 000 francs de dédit pour rupture de contrat, n'avait qu'à l'augmenter s'il tenait tant à la garder. Après tout, la balle était dans son camp. Jamais le moindre scrupule n'entrave Sarah dans sa soif de conquête. Au Français, on la déteste, mais cette salle est bien plus prestigieuse que l'Odéon. Va pour un retour rue de Richelieu dix ans après en avoir claqué la porte.

Elle, la fille délurée pistonnée par Morny (il est mort désormais, paix à son âme), la capricieuse diva dont le corgi Hamlet déboule parfois sur scène parce que sa maîtresse a oublié de verrouiller sa loge (a-t-on idée d'emmener son chien au théâtre ?), n'a que trois alliés rue de Richelieu. Sophie Croizette, aussi grande et ronde que Sarah est osseuse et chétive, Marie Lloyd, sa condisciple du Conservatoire, et Mounet-Sully, un très bel éphèbe aux traits symétriques, à la chevelure brune et bouclée. Jean, natif de Bergerac, est un Rubempré qui s'est trompé de voie. Il voulait devenir pasteur, Sarah aspirait à la vie de nonne : ils sont en osmose. Il l'adore, la désire, l'idéalise. Elle le trouve joli garçon. Ce coup de foudre profite à Perrin, l'administrateur général, qui exploite habilement leur idylle. Les abonnés applaudissent le duo dans *Britannicus* puis dans *Andromaque*. Leurs noms entrelacés sur les affiches assurent chaque fois une salle pleine et de juteuses recettes. Déchirés, passionnés, tourmentés, aimantés : le public s'identifie à leurs amours de péplum.

Dans l'entresol de la rue de Rome, débarrassés des toges et des bijoux antiques, ils semblent rejouer Racine chaque nuit. Leurs épiques étreintes et leurs violents dialogues en prose alertent les voisins. Jean, jaloux, soupçonne sa partenaire d'infidélité, la menace et bien souvent la bat. Parfois, arrivant dans sa loge, l'actrice demande à sa maquilleuse de cacher sous un fond de teint plâtreux l'ecchymose dont son partenaire l'a gratifiée la veille. Faut-il qu'elle le trouve beau pour lui pardonner tout le reste : son orgueil, sa vanité de cabot, son narcissisme et sa violence. Certes, elle a compris que cet amant utile concourait à sa notoriété – les comptes rendus critiques se doublent désormais de portraits du fameux couple – mais, c'est décidé, elle ne tiendra pas plus de deux ans à ce rythme épuisant.

Et lui qui voulait lui proposer le mariage ! Quelle déception ! La lettre de rupture qu'il vient de recevoir – quoique bien tournée – a de quoi rendre fou : « T'ai-je dit, écrit-elle, mes fièvres d'amour et mes espoirs déçus et mes perpétuelles recherches, suivies du vide, du néant, toujours… Je ne suis pas faite pour le bonheur, et – ce n'est pas ma faute – je vis d'émotions sans cesse renouvelées... Je reste aussi inassouvie le lendemain que la veille... mon corps si frêle trouve que l'accomplissement de l'amour lui donne la fatigue et jamais l'amour rêvé. » Peut-on faire plus clair ? Pas plus qu'une dizaine d'hommes avant lui, Mounet-Sully ne réussit à la combler. Par moments, il tente de s'accommoder de cette panne de plaisir et lui suggère « Si nous pouvions aimer comme s'aiment les anges, s'aimer d'un amour pur dont les sens soient bannis », mais elle refuse tout compromis platonique et, ne détestant pas faire souffrir ce prétendant déboussolé, souffle, à son habitude, le chaud et le froid. Dans ses missives, il est « son doux seigneur », son « amoureux »... que cette traîtresse trompe allégrement. Lorsqu'il la surprend donnant un baiser au banquier Heine, le soir même, sur scène, il se venge. Acte un d'*Hernani* : les spectateurs médusés entendent Mounet rugir sur Dona Sol : « Espèce de gueuse, je te tuerai ! », une réplique qui ne figure pas dans le texte. Oui, il est temps d'en finir avec cet impulsif, ce sanguin désinhibé. Après un ultime billet d'adieu, l'éconduit se rebiffe et d'une plume trempée dans l'encre du mépris rédige : « Adieu donc, et bien adieu, ma pauvre fille. » Et plus cruel encore, car il touche à la frigidité supposée de Sarah, il conclut : « Tâchez d'être un honnête homme puisque rien ne peut vous décider à être une honnête femme. »

Homme, femme, qu'importe ? Il est vrai qu'elle vient d'interpréter le rôle de Chérubin dans *Le*

Mariage de Figaro, après avoir épaté le Quartier latin en page florentin. Cette ambiguïté androgyne, elle en joue, et, sourde aux rumeurs d'homosexualité qui courent sur son compte, en rajoute pour brouiller les pistes. Son je-m'en-fichisme, son mépris du jugement d'autrui, ses excentricités, son désir de choquer et de n'être jamais là où on l'attend lui valent assez vite au Français le surnom de « Mademoiselle Révolte ». Le patron de l'illustre théâtre est coincé : sa troupe le somme de mettre Bernhardt dehors mais il sait bien que c'est pour elle que les abonnés accourent tous les soirs. Pire : il sait qu'elle sait et qu'elle le tient. Il faut mettre les choses au point. Convoquée dans son bureau, elle refuse de s'asseoir. L'insolente prétend que le faux cul de sa robe à imprimé pois de senteur ne doit subir aucun faux pli. Perrin s'éponge le front. Dans la maison de Molière, tout le monde respecte et traite avec déférence ce grand vieillard maigre et voûté, à la barbe grise. On s'efface devant lui quand il passe dans les couloirs appuyé sur sa canne, vêtu chaque jour de la même redingote, étoilée de la rosette rouge de la Légion d'honneur. Affligé d'un strabisme divergent, on ne sait jamais s'il inspecte un visage ou des souliers. Il impressionne tous les comédiens, sauf Sarah. Pire, il en est conscient. Dans ces conditions, comment sermonner cette sans-gêne à la repartie cinglante, cette gravure de mode qui n'a que faire des conventions et encore moins de la hiérarchie ? Il propose un bilan des dix années qui viennent de s'écouler. Agitant son éventail en plumes de cygne, elle feint un bâillement.

S'estimant au-dessus, très au-dessus du lot, Mademoiselle se fiche des notes et des classements. Or, Perrin est en train de l'évaluer. Comment ose-t-il ? Concentré, le patron énumère les bonnes choses : les triomphes successifs qu'elle a remportés dans *Le Mariage de Figaro*, *Britannicus*, *Andromaque*, *Othello*, *Ruy Blas* et *Hernani*. Sa bouleversante interprétation de Phèdre, rôle qu'elle apprit – performance absolue – en quatre jours, afin de remplacer au pied levé une sociétaire malade. Que veut-il de plus ? Il s'agirait en effet d'un prix d'excellence s'il n'y avait ces constantes entorses au protocole.

Tant pis pour le faux cul. Sarah, excédée, s'assoit sur la bergère en face de Perrin, résignée à écouter une déprimante litanie de reproches. Ses faux pas ? Ils sont nombreux. Perrin commence par l'agaçante affaire du Sphinx. Répétant une scène décisive où Croizette devait marcher éclairée par un projecteur imitant un rayon de lune, Bernhardt exige elle aussi la même flatteuse lumière. L'administrateur refuse, jugeant le caprice absurde. S'adressant alors à Perrin, Sarah, butée, n'en démord pas : « Il est écrit dans la didascalie que mon personnage s'avance "pâle, convulsée, sous un rayon de lune" » « Et alors ? », répond-il. La réplique fuse, comique et culottée : « Je suis pâle, convulsée, je veux ma lune, monsieur l'administrateur !!! » L'éclairagiste, Croizette, Perrin : tout le monde s'inclina, bien sûr. Que Sarah ait décrété il y a bien longtemps qu'elle décrocherait la lune, personne ne l'ignore. Va pour cet enfantillage. Mais ce n'est pas tout. À présent, Perrin fulmine en déclinant la suite de ses impairs, indignes d'une sociétaire de sa grande maison.

Maniaque, il les a notés et numérotés sur un registre posé sur sa table. Un, l'atelier de la place Clichy. Deux, le somptueux hôtel particulier de la rue Fortuny où elle donne chaque soir des soupers pour vingt personnes. Trois, ses peintures et ses sculptures exposées au Salon. Se prend-elle pour Rodin, ou pour David ? Quatre, cette grotesque ascension en montgolfière, dans un ballon orange baptisé *Dona Sol*. Veut-elle rendre fous de rage ses camarades du Français ? Cinq, la lamentable tournée à Londres, où elle a pris en otage le public anglais à son seul profit, donné libre cours à la réclame, multiplié les scandales et suscité les rumeurs les plus folles.

Dans son regard, la fameuse lueur narquoise que redoutent tous ses ennemis clignote. La voici qui roule des yeux, en haut, en bas – le plafonnage –, soupire, lisse la dentelle de sa manche et, dans un sourire chinois, d'une voix sucrée de petite fille, contre-attaque. Perrin n'est pas très à l'aise. Il sait qu'elle ne craint pas le conflit, qu'elle est en position de force (la vedette de la rue de Richelieu, c'est elle, et la perdre serait un désastre) et qu'elle adore le mettre en fureur. Point par point, Sarah s'explique sans jamais se justifier. L'hôtel particulier ? La belle affaire. Rachel n'avait-elle pas fait construire, rue Caumartin, une folie baroque reflétant son statut, son éclat sa notoriété ? Eh bien, elle suit les traces de son illustre modèle. Elle s'apprête d'ailleurs à l'imiter en sillonnant le globe afin de promouvoir le génie français. Perrin devrait d'ailleurs venir ce soir chez elle, Dumas sera là. Il pourrait constater avec quelle ingéniosité, deux artistes, l'ami Georges Clairin, qu'elle surnomme « Jojotte », et sa chère Louise Abbéma – un sacré numéro, une sorte de garçon manqué toujours habillée d'un costume trois-pièces, qu'elle a rebaptisée « le petit général japonais » –, ont badigeonné tous ses murs de fresques antiques d'un goût exquis.

Évidemment, tout cela a coûté cher : 500 000 francs, pour être précis. Et c'est pour éponger ses dettes que Sarah – Perrin comprend bien la logique des choses, n'est-ce pas ? – s'est mis en tête de louer – pour presque rien – un petit atelier place Clichy. Elle s'y rend de bon matin à cheval et au galop, afin de produire des sculptures qui se vendraient un peu. Ceci entraînant cela, ce n'est pas sa faute si on a vu dans la presse d'amusantes photos d'elle vêtue d'un smoking blanc de dandy, un pinceau à la main, sous l'œil admiratif de Gustave Doré et d'Alphonse Daudet. Elle n'est pas trop malhabile de ses mains. Perrin a bien remarqué que deux ou trois tricots étaient toujours disposés dans sa loge. Quand on ingère quotidiennement des dizaines d'alexandrins, les travaux manuels apaisent l'esprit, qu'il faut bien vidanger à intervalles réguliers, sinon, il sature. Et, oui, il est parfaitement exact qu'elle a pris des leçons d'anatomie, travaillé le squelette et les muscles pour sculpter vrai. Cette activité est devenue une vraie passion. Par moments, elle se rêve sculptrice et non plus comédienne, n'est-ce pas amusant ? D'ailleurs, délicieuse surprise, Charles

Garnier lui a commandé un groupe pour l'opéra de Monte-Carlo. Et ses petites folies sont appréciées par certains critiques d'art plastique qui l'encouragent à les présenter au Salon chaque année. Que lui reproche-t-on encore ? Sa curiosité, son excentricité, son côté touche-à-tout ? Ah ! oui, c'est ça : l'innocent voyage en ballon. Comment refuser une excursion en montgolfière, le nouveau gadget à la mode ? Et puis, planer, surplomber le commun des mortels, tutoyer les cieux, elle adore ça. Y a-t-il une clause dans son contrat stipulant qu'elle ne doive pas dépasser 300 mètres d'altitude ? Ce n'est pas sérieux. Quant à la tournée londonienne, c'est lui, Perrin, qui a insisté pour qu'elle s'y rende. De quoi se plaint-il ?

Perrin est éreinté, affalé sur sa chaise, en très mauvaise posture. Mais elle ne dételle pas et d'une voix qui monte soudain d'une octave, se met à inverser les charges. La coupable accuse le plaignant. C'est habile. Pourquoi la jalouser, puisqu'elle offre à la Comédie-Française un rayonnement inouï, international, plaide-t-elle ? À Londres, c'est elle qu'on attendait, qu'on désirait, dont on connaissait le nom et le talent, pas les autres. Oscar Wilde, un jeune poète anglais, la couvrit même de lys à sa descente du bateau. Des lords et ladies la suppliaient de leur accorder, à domicile, des lectures privées grassement rémunérées. Qu'il y ait eu quelques frasques relayées par la presse anglaise, on ne peut franchement pas la tenir pour responsable de cela.

Chacun sait qu'elle raffole des bêtes, mortes ou vivantes. Rue Tronchet, la splendide boutique « Aux tortues », trois étages, façades en bois sculptées d'éléphants et de tortues géantes, est située en face de chez elle. Elle s'y est ruinée pour collectionner un bestiaire exotique, d'exquises miniatures d'écaille et d'ivoire. Elle n'allait tout de même pas laisser sa ménagerie à Paris quand elle s'est exilée en Angleterre. C'eût été inhumain. Outre trois chiens, un perroquet et un singe baptisé « Darwin » emportés dans ses bagages, elle a acquis dans une animalerie de Liverpool une famille de caméléons, un chien-loup et un petit guépard. Tout ce petit monde faisait grand tapage dans la maison qu'elle louait. Ses voisins s'en plaignirent. La belle affaire ! Quand on a le tempérament d'une lionne, on sympathise avec les félins. Récemment, un médecin lui a pourtant déconseillé de se faire greffer une queue de tigre dans le dos. Elle en rêvait, elle a insisté, en vain. Maintenant, Perrin est épuisé. Pris en tenaille, il sait bien qu'il va céder, comme toujours. Saisissant son manchon, l'extravagante abat alors sa dernière carte. C'est elle désormais qui se plaint, menace et s'indigne. Car tout le monde, Sarah la première, a lu le billet assassin de Sarcey ce matin. Il s'achevait sur cette boutade la visant : « Les enfants gâtés amusent jusqu'au moment où un ami de la maison demande l'heure où on les couche. »

L'enfant gâtée aura bientôt quarante ans et personne ne songe à l'envoyer se coucher. Caractérielle, immature, égocentrique, allergique à l'autorité, elle intimide ses ennemis et fascine sa petite cour. Il n'en reste pas moins qu'elle fait l'objet d'odieuses caricatures antisémites et de méchantes cabales. Il a même fallu que Zola – la plus prestigieuse plume de l'époque – la défende dans *Le Figaro.* « On lui reproche surtout de ne pas s'en être tenu à l'art dramatique, écrit l'auteur de *Nana*, d'avoir abordé la sculpture, la peinture, que sais-je encore, non content de la trouver maigre, de la déclarer folle, on voudrait réglementer l'emploi de ses journées. Qu'on fasse donc une loi tout de suite pour empêcher le cumul des talents ! » Sarah extrait l'article de son sac et, d'une voix larmoyante, feint de s'excuser d'être trop mince, d'avoir une crinière indomptable et un caractère affirmé. Perrin s'éponge le front. De toute façon, ajoute-t-elle en pleurnichant, même si elle répondait « oui » à tout ce que son supérieur hiérarchique lui demandait, les méchants polémistes en déduiraient qu'il s'agit d'une ruse publicitaire de sa part. L'administrateur interloqué, sentant bien qu'elle s'apprête à lui remettre – une fois de plus – sa démission, change de tactique. Il s'adoucit et d'un ton paternel, comme on s'adresse à une fillette alitée et malade, déclare : « Mais ma chère enfant, il y a des gens ni gras, ni maigres, ni rasés, ni chevelus… et qui répondent simplement oui et non. » Simplement : un adverbe qui ne figure pas à son répertoire. Oui et non ? Avec elle, les choses sont toujours plus compliquées que ça.

Du bon sens, Sarah n'en possédera jamais. Elle n'en fait et n'en fera toujours qu'à sa tête qu'on caricature en balai-brosse. L'excès, la démesure, le trop, le scandaleux, le pas assez : oui. La norme ou la raison : non. Ce sont ses principes. Son cinglant slogan « quand même ! », elle l'a fait broder sur son linge de lit. Il y a un mois, elle a rencontré un imprésario amusant qui se charge de lui concocter une fabuleuse tournée en Amérique dont elle reviendra cousue d'or, promis juré. L'Amérique, ses déserts, ses villes frénétiques, son dieu Dollar, ses cow-boys et ses Sioux ? L'idée est originale. La reine du Tout-Paris voguant à la conquête du Nouveau Monde, séduisant programme. S'enfuir, loin des chroniqueurs vipérins, des administrateurs rigides, des huissiers tordus, des créanciers insatiables. Leur fausser compagnie et leur jouer son meilleur tour : celui du prestidigitateur qui se volatilise devant un public bluffé. Ce Mr Jarrett sait décidément parler à son cœur, et à son coffre-fort qui est bien vide en ce moment. Partir à l'aventure sans plus personne à ses trousses, franchir les océans, comme c'est tentant !

LA TUEUSE

Au téléphone, Louis avait dit : « Retrouvons-nous à deux heures devant la statue d'Anne de Bretagne, voulez-vous ? » Il devait s'entretenir avec un sénateur, il la rejoindrait ensuite. Julia n'est pas familière du jardin du Luxembourg. Son fief à elle, c'est le parc Monceau. Un gardien bourru lui a indiqué la place de la duchesse de marbre blanc qui, perchée sur son socle, surplombe le grand bassin où naviguent les voiliers miniatures pilotés par des enfants. Elle s'y tient depuis cinq minutes quand elle aperçoit le journaliste qui accourt vers elle.

— Pour notre troisième « rendez-vous Sarah Bernhardt », j'ai cru bon de vous montrer l'aire de jeux qui fut la sienne quand elle se produisait à l'Odéon. Voyez cette grille du jardin : c'est celle qui donne accès au théâtre. Il suffit de traverser la rue. Entre deux répétitions, les comédiens viennent s'aérer ici. L'été, ils mangent des glaces, jouent à la balle, se promènent autour de la fontaine Médicis, comme le font les étudiants et les amoureux.

Un tour du parc plus tard, ils s'assoient sous les tilleuls parfumés. Le ciel est bleu lavande, le jardin presque désert. Il lui prend la main. Émue, apaisée, confiante, elle baisse la garde et lui raconte tout. Enfin !

Louis écoute, fasciné. Quand Sarah régnait sur le Quartier latin, Julia, elle, débutait au boulevard. Elle intègre le Conservatoire d'art dramatique à dix-huit ans et, à dix-neuf ans, chance inouïe, on l'engage au théâtre du Vaudeville pour jouer le rôle d'une garce manipulatrice nommée… Sarah. Elle y voit d'emblée un signe du destin, un bon présage car Bernhardt est son idole. En tout, elle souhaite l'imiter, suivre sa voie, même si elle se sait dépourvue de cette impertinence, de cette assurance, de ce sens de la repartie qui ont hissé la rousse incendiaire au rang d'icône de la Belle Époque. En 1881, dix ans plus tard, la timide Julia, qui a fait ses preuves au Boulevard, entre enfin à la Comédie-Française – le rêve et le Graal de toute débutante, alors que Sarah, elle, en claque les portes avec fracas. Ce chassé-croisé donne immédiatement lieu à une petite bataille d'*Hernani* qui fait couler beaucoup d'encre.

Cette année-là, on célèbre le deuxième centenaire du Français. Dans toute l'antique demeure flotte un parfum de Vieille France, règne une atmosphère de discipline et d'ordre moral. Par tempérament, la docile Julia n'a aucune peine à se mettre au diapason. Être de la maison est un immense honneur. Les débutants y entrent pour servir, non pour gagner. Une ferveur quasi religieuse les cuirasse contre le découragement ou la frustration car, ici, il faut tenir, ne rien attendre. Seuls le talent et l'ancienneté permettent de s'élever. Quant à l'administrateur, ce n'est pas un directeur ordinaire mais le supérieur d'un cloître qui a ses dévots et ses martyrs.

Sous la direction d'Émile Perrin, la maison de Molière prospère. Il attire Dumas fils, glorifie Hugo, et son public élégant regorge de célébrités. Les mardis et jeudis, jours des abonnés, on y admire la fleur de l'aristocratie : le prince de Sagan, le marquis de Galliffet, les princes Murat et Poniatowski. Tout ce qui compte dans la société parisienne aime à se montrer rue de Richelieu. Assez vite, Madeleine Brohan prend sous son aile la nouvelle, qu'elle surnomme « petiote ». La sociétaire chevronnée apprécie l'ingénuité, la modestie, le désir de bien faire de la néophyte. Julia porte avec un chic fou une robe en foulard vieil or qui met en valeur son épaisse chevelure châtain clair. Ses yeux bridés, d'un bleu gentiane, son nez aquilin, ses lèvres frémissantes plaisent aux hommes. Quant à sa voix grave, profonde, chaude et juvénile, elle semble à l'opposé de la tessiture cristalline de la Bernhardt. Son contrat stipule d'ailleurs qu'elle jouera exclusivement les jeunes premières dans les comédies et les princesses dans les tragédies. Or, tout Paris ne parle plus que du dernier esclandre de Sarah qui, au lieu de jouer la reine dans *Ruy Blas* comme prévu, plaque sans préavis son directeur. Aussitôt, Perrin se rabat sur Mlle Bartet, qui vient de remporter un beau succès dans une pièce de Victorien Sardou. Il exige donc de la malheureuse nouvelle recrue qu'elle apprenne sa partition en une semaine. Ce sera son baptême du feu. Elle n'en dort plus, ne se nourrit plus. Un double défi l'attend : entrer dans le répertoire classique, qu'elle ne maîtrise, pas et remplacer une étoile au firmament qui a joué la pièce 59 fois au Français ! Des deux, elle ne sait qui l'effraye le plus : Maria de Neubourg ou Sarah Bernhardt, propriétaire du rôle.

Elle qui rêvait de fraterniser avec la divine ! Au lieu de cela, on les met en compétition. Le match débute. « Sarrasins » contre « bartetistes » : le clan de Julia ne fait pas le poids. Pour lui pourrir la vie, Sarah a rameuté le ban et l'arrière-ban. Le soir de la première, la salle est en surchauffe. Sous les huées, dans sa robe de lin blanc, elle se livre au public comme on va à l'échafaud. Seule la présence d'Hugo, lové dans une baignoire, la réconforte. Quatre actes durant, elle est prise de tremblements, de hoquets nerveux. Tétanisée par le trac et l'hostilité générale, l'héroïne hugolienne claque des dents. Et pourtant, au cinquième acte, puisant dans ses dernières ressources, elle réussit à retourner les spectateurs en sa faveur. Une reine-enfant terriblement humaine et douce : voilà sa version de la souveraine espagnole. C'est original. Une salve d'applaudissements clôt le spectacle et l'auteur en personne vient lui baiser la main dans sa modeste loge.

Dès le lendemain, Sarah organise une riposte, ordonnant à tous ses amis journalistes de sonner l'hallali, suggérant même à Hugo de s'opposer à Bartet et de lui retirer le rôle ; il n'en fera rien. Même s'il est fou de Sarah, son sens de la justice est plus fort que les caprices d'une idole. Et, de fait, jour après jour, rue de

Richelieu, le succès s'installe. L'ex-infante d'Espagne se sentant détrônée, humiliée, ivre de vengeance, obtient dans la presse des descentes en flammes de sa rivale. Car, cerise sur le gâteau, Perrin vient d'offrir Iphigénie à Bartet, un rôle sacrificiel, et c'est comme s'il avait jeté une seconde fois Blandine dans la fosse aux lions. Aussitôt, pilotés par Sarah, les fauves du *Figaro*, du *Temps*, du *Gaulois*, de *L'Événement*, la jugeant trop boulevardière, lui refusent tout avenir dans la tragédie ou le drame. Autour d'elle se propage la légende de la bourgeoise distinguée inapte à la scène, alors qu'elle est la fille d'un modeste employé du Louvre qui s'est faite toute seule. Quelle injustice ! Un bon mot de Sarah circule dans la capitale et fait un tabac : « Bartet, déclare la flambeuse, ce n'est pas une artiste : elle n'a même pas de dettes ! » Les critiques (pour la plupart ex-amants de Sarah) s'en donnent à cœur joie. Paul de Saint-Victor écrit : « Elle paraît effacée, dépaysée, le rôle a disparu sous la pâleur de son jeu. » Théodore de Banville renchérit : « Il ne fallait pas lui donner Iphigénie, c'est un véritable sacrilège ! » Et Francisque Sarcey conclut : « Son talent est tout moderne, elle n'assouplit jamais sa nervosité à la sévérité de nos classiques. Il faut en prendre son parti et lui pardonner d'être inutile à Racine et à Molière. » Peut-on faire plus féroce ?

La jeune femme accuse le coup. Contrairement à Sarah qui ne les lit jamais, elle sait tirer parti des critiques les plus assassines. La comparer à l'idole des foules, alors qu'elle a dix ans de moins qu'elle et qu'elle débute, c'est assez déloyal ! Il n'en demeure pas moins qu'elle manque en effet d'audace quand son aînée en possède à revendre. Elle en est bien consciente. Tout le monde lui dit « Osez, osez donc, vous serez plus ample, vous aurez plus de présence sur scène », mais Julia n'est elle-même que dans la pudeur, la réserve et le travail. Tout de même, lorsqu'on est une actrice du Français, c'est une déchéance que d'être tenue à l'écart du répertoire classique. Est-elle décidément médiocre ou bien est-ce la cabale de Sarah qui nuit à sa carrière ? Il faudrait utiliser les mêmes armes et la battre sur son propre terrain. Or, Julia fait tout le contraire. Jamais elle n'accepte d'accorder la moindre interview. Exhiber sa vie privée lui fait horreur, la réclame l'indispose. Elle a tort car les chroniqueurs s'intéressent à cette inconnue photogénique qui possède un sens inné de la mode. Les plus hardis l'attendent au pied de son immeuble, au 212, rue de Rivoli. Elle les congédie systématiquement et ils en sont réduits à chroniquer les tenues de la fuyante pensionnaire du Français.

Sur papier imprimé, Bartet se transforme en élégante muette qu'on orne de légendes flatteuses. On évoque ses bengalines prune, ses blouses Pompadour, ses chapeaux de paille de riz, ses aigrettes jaune héliotrope, ses manteaux de popeline de soie domino. Faute de confidences plus croustillantes, elle devient, sous leurs plumes, une silhouette en vogue et une comédienne prometteuse. Bref, elle existe à bas bruit. Comme elle semble loin, l'Arlésienne d'Alphonse Daudet qui, à dix-huit ans, débutait au Vaudeville. Effacée, la fraîche et naïve Vivette. Disparue, la touchante jeune fille armée d'un panier d'osier, la poitrine ornée d'une croix, vêtue d'un corset de velours noir et d'un jupon de feutrine bleu. En 1880, alors que la Belle Époque bat son plein, Julia, vingt-sept ans, est une jeune première du Théâtre-Français qui se distingue par sa discrétion et son indiscutable bon sens. On voulait la lyncher ? Imperméable à la calomnie, elle résiste courageusement et ne flanche pas.

Lambert a écouté, stupéfait, le récit de Julia. De l'infâme campagne menée par Sarah, il ignorait tout. Son admiration pour elle s'en trouve grandie. La jeune recrue du Français a su faire preuve de cran, de persévérance et de talent pour s'imposer malgré les pièges constamment tendus par son illustre ennemie. À cet instant, il s'en veut d'être journaliste, d'appartenir à cette tribu qui a tant fait souffrir celle à qui il vient de donner un baiser. Mais ce baiser, elle le lui rend. C'est donc qu'elle ne le déteste pas. Et c'est encore à Sarah – quelle ironie – qu'il doit ce rapprochement, ce flirt avec celle qu'il adore secrètement depuis des années. Julia avait besoin d'informations, il en a fourni et, de fil en aiguille, les voici enlacés sur ce banc, à l'heure où le jardin du Luxembourg va fermer ses grilles.

— Comme vous avez dû la détester ! Elle avait tout, vous n'aviez rien et elle ruinait votre carrière pour rien, pour le pur plaisir de nuire puisque, comme elle avait décidé de partir en tournée en Amérique cette année-là, vous ne pouviez pas représenter une menace dans ce Paris qu'elle quittait.

— Ce fut une étrange période, en effet, mais je ne parvenais pas à la haïr. Celle qui me stimulait plus que tout, qui, à mes yeux, incarnait le modèle à atteindre, cette brillante artiste qui avait renouvelé l'art dramatique avec ses audaces et ses trouvailles, celle dont je désirais la confiance et l'amitié me vouait aux gémonies sans même me connaître. J'étais, pour elle, la femme à abattre. Cela me plongeait dans la confusion. J'avais passé les dix années précédentes à me demander comment devenir Sarah Bernhardt, moi qui n'étais que Julia Bartet. Et au moment même où je la croisais, où faisant partie de la même maison, de la même troupe, elle aurait pu m'adouber, me guider – après tout j'avais vingt-sept ans, elle trente-sept –, voilà qu'elle me tournait violemment le dos et se déchaînait contre moi. Mais cette affaire a une suite.

La suite, elle la narra à Louis dans sa mansarde de la rue des Saints-Pères, située en face de la Faculté de médecine. Leur complicité était totale. Elle accepta de le suivre. Sur l'ottomane en velours usé, le jeune journaliste déshabilla l'actrice dont la maturité n'avait pas altéré la beauté. La cire se consumait sur un bougeoir en porcelaine de Delft. Ils devinrent amants à la lueur d'une flamme vacillante. En experte des artifices de scène, Julia sentait que cette lumière ocre lui profitait, diminuant les marques du temps, adoucissant les rides et flattant ses courbes.

Elle s'abandonna avec délices. C'était une liaison stendhalienne, une passion Radiguet. *Le Diable au corps*, qui venait d'être publié, suscitait un immense scandale. Leur différence d'âge – vingt ans – aurait pu faire jaser. Après l'amour, Julia enfila une chemise de Louis et les confidences se poursuivirent autour d'un verre de madère. Tout en grignotant des croquants, elle lui confia son inavouable chagrin, son plus douloureux secret.

À la fin de la première année de Conservatoire, Régnier, son cher maître, lui avait trouvé un pseudonyme, une autre Regnault travaillant déjà dans le monde du théâtre. Elle s'appellerait désormais Julia Bartet. Cela sonnait bien, affirma le professeur de diction. Et puis, on l'engagea au Vaudeville. Les temps étaient durs. Avec son maigre cachet, l'apprentie comédienne devait entretenir son père, sa mère et sa grand-mère. Quand, en septembre 1872, vint le premier grand premier rôle – celui de Vivette dans *L'Arlésienne* de Daudet –, Julia s'amouracha d'un communard. Il était ouvrier dans l'imprimerie, beau, musclé, passionné, viscéral. Si viscéral qu'il se fit assassiner par un lieutenant fervent partisan de l'empereur. Le militaire le retrouva et lui planta un poignard dans le dos. Hélas ! Julia venait de tomber enceinte de la victime. Ce qui faisait d'elle la fille-mère d'un homme décédé dans des conditions tragiques. Que faire ? Ce que font les héroïnes de roman chez Zola. À tous : ses parents, ses partenaires, son directeur, la comédienne de dix-huit ans dissimula cette grossesse honteuse. Au début, cela ne se remarqua pas, les répétitions se déroulaient sans costume. Mais au fil des jours, sa taille épaississait, son visage s'arrondissait, les nausées se multipliaient et les signes physiologiques de son état n'étaient rien, comparés au désespoir qui l'envahissait quotidiennement. Car enfin, elle tenait enfin sa chance, elle débutait en tête d'affiche sur une grande scène, elle jouait Alphonse Daudet, l'auteur dont la prose et la chevelure argentée avaient gagné l'adhésion du public populaire, et voici qu'un « heureux événement » menaçait d'anéantir ses glorieux débuts ! Pire : qu'allait-elle devenir, sans argent, sans mari, mettant au monde dans la plus grande clandestinité un petit bâtard dont elle n'avait connu le père que le temps d'une amourette fatale ? La naissance de cet enfant lui fermerait-elle à jamais les portes qu'elle venait tout juste d'ouvrir ? Elle songeait à se jeter dans la Seine quand la première arriva.

La costumière s'étonna : le corset de velours noir était trop serré, le jupon aussi. Tant pis, on n'avait plus le temps pour des retouches de dernière minute. Le rideau se leva donc sur une Vivette aux formes épanouies. Daudet ne l'aurait pas souhaité autrement, sa Vivette, et cette petite Bartet était décidément faite pour le rôle. Tous ignoraient que l'appétissante actrice qui avait gagné quatre kilos en quelques semaines était en réalité enceinte de six mois. Une bonne fée veillait décidément sur Julia car Vivette disparut aussi vite qu'un arc-en-ciel après l'ondée. Le Tout-Paris assistait à la première. Mais dès qu'on entendit l'histoire de la chèvre de

Monsieur Seguin, les sifflets retentirent. À l'entracte, ceux qui font l'opinion ricanaient et Mme Daudet subit leurs sarcasmes : « Mais cette pièce est idiote, c'est un conte pour enfants ! », persiflaient-ils. Quant au directeur du *Figaro*, il quitta la salle en déclarant très fort : « Quel navet ! »

Résultat : quinze jours plus tard, plus de Vivette, plus de panier d'osier. La pièce avait quitté l'affiche. Finie, la hantise du costume dans lequel on étouffe. Terminées, les remarques acerbes des camarades. *L'Arlésienne* était un naufrage dont Julia était la prodigieuse rescapée. Peu de temps après – coup de chance –, un autre rôle se présenta. Elle disposait de trois mois de battement avant les répétitions. Trois mois, un trimestre : un miracle de l'agenda théâtral. Elle avait juste le temps de régler son problème avant de revenir sur les planches. Julia accoucha le plus discrètement possible et donna le jour à son plus grand amour, un garçonnet rose et blond. Pour une fois, il lui était agréable de ne pas être Sarah Bernhardt – dont les gazettes divulguaient tous les faits et gestes – mais seulement Julia Bartet. Son nom n'était qu'un simulacre, son fils une erreur de jeunesse, son existence un mélo ! Pourtant, ce nourrisson, déclaré à l'état civil du nom de sa mère, ce petit Henri Maurice Regnault – pauvre être innocent, non désiré, qui compliquait singulièrement son existence –, elle l'éleva seule, le chérit, le choya et l'adora plus que tout.

En vrai gentleman, Lambert ne put opposer qu'un long silence aux terribles révélations qu'il venait d'entendre. Les *Jeux d'eau* de Maurice Ravel clapotaient sur le gramophone. Il disparut quelques minutes dans la cuisine pour la laisser reprendre ses esprits. Soudain, tout prenait forme et sens : son refus absolu de parler à la presse, sa discipline, sa pudeur, sa réserve. Cette absence de vie privée, cette étonnante solitude. Elle avait fui les hommes, causeurs de troubles. Tous, elle les avait écartés – Paul Bourget et bien d'autres – afin de n'avoir plus jamais à subir le moindre déshonneur. Son existence avait été celle d'une recluse qui ne sortait de son refuge que pour se rendre à la Comédie-Française où, au fil des décennies, son palmarès avait fini par égaler celui de Sarah… Quand il revint dans la chambre, Julia s'était rhabillée. Souriante, détendue, vêtue de sa petite robe noire à encolure bateau qu'ornait un pendentif Lalique à cabochon de cristal, elle s'était assise sur le divan et fumait une cigarette anglaise. Alors, il osa :

— Vous l'avez prénommé Maurice, c'est curieux. Maurice est également le prénom du fils de Sarah, le saviez-vous ?

— Moi non, mais elle si.

Julia poursuivit donc son douloureux récit. Juste avant d'embarquer pour l'Amérique, Sarah avait découvert le secret de celle qui régnait sur l'Espagne à sa place, rue de Richelieu. Ce n'était pas très difficile. Des espions, elle en avait partout : diplomates, députés, journalistes, rien ne leur échappait. Soupe au lait, tyrannique mais pas rancunière, elle fit venir Julia dans son hôtel particulier de la rue Fortuny. Le gigantesque salon fréquenté par les plus hautes personnalités du temps, les chroniqueurs en avaient détaillé tous les recoins : le palmier gigantesque, les toiles de maître tapissant les murs, les animaux domestiques ou sauvages circulant en liberté, les peaux de bête en guise de tapis, et enfin, clou du spectacle, le sofa turc qu'elle appelait « mon tramway », où la diva alitée recevait ses visiteurs. L'espace tenait tout à la fois du palais mauresque, du mausolée et du harem. Un décorum baroque, oriental et foutraque.

Julia y pénétra avec appréhension. La propriétaire la fit asseoir sur un pouf à pompons, presque à ras du sol, manière de la rabaisser. Quand il s'agissait de dominer – en altitude, en autorité, en talent –, Sarah ne craignait personne. Raide, immobile, impériale, on aurait juré qu'elle prenait la pose pour un artiste imaginaire, offrant son profil d'aigle au visiteur. Sa chère « garçonne », Louise Abbéma, l'avait portraiturée dans la même tenue, un mois auparavant, grignotant des cerises, sensuelle et pensive. Elle s'efforçait de prolonger la sensation fixée sur la toile. Sertie dans une robe de soie tabac à petit col d'hermine signée Doucet, son chignon bouffant l'auréolant d'une lumière fauve, exhalant des fragrances d'Ambre, le célèbre modèle de Louise se mettait en scène, en Narcisse assumée, enchantée d'elle-même. Pour compléter le tableau, elle réclama une corbeille de fruits que sa domestique déposa promptement sur un guéridon. Ses yeux d'émeraude s'attardèrent enfin sur la visiteuse, la scrutant lentement, longuement, des pieds à la tête. Un rictus circonspect, un regard qui déshabille plus qu'il ne juge, une mine sévère et distante. Julia réprima un tremblement nerveux. Sarah lui fichait le trac. Son premier tête-à-tête avec son idole ressemblait à une audition. Puis, Sarah se mit à parler. Elle monologua, offrant à sa consœur un « seul en scène » qui ne tolérerait aucune interruption. Et, divine surprise, d'un ton mélodieux, elle commença par s'excuser. Oui, elle avait été odieuse et injuste en déchaînant ses troupes contre elle. Après tout, Maria de Neubourg ne lui appartient pas. Et puisque tous, Victor Hugo en tête, affirment que Julia Bartet a brillé dans ce rôle, il serait idiot et indécent de prétendre le contraire. On chuchote même en haut lieu qu'elle est la recrue la plus prometteuse de la Comédie-Française. Julia n'en croit pas ses oreilles. Enfin, quoi ? Sarah Bernhardt ne gesticule pas. Sarah Bernhardt ne vocifère pas. Mieux : Sarah Bernhardt regrette. Sarah Bernhardt s'excuse et elle s'adresse à son interlocutrice comme à une proche avec une sorte de douceur teintée d'affection. À cet instant, Bartet comprend qu'elle a affaire à une Madame Sarah protectrice et maternelle, une facette de sa personnalité que la plupart des gens ignorent. Où est donc passée sa doublure ? La colérique, la féroce, la guerrière, l'hystérique, celle qui ruine les réputations et enterre ses rivales en deux épigrammes ? Elle est restée en coulisse, aujourd'hui. Quelle chance !

Julia s'était crue convoquée pour une déclaration de guerre. Au lieu de ça, l'ennemie capitule et propose même une forme de paix durable. Que faire ? Il faut répliquer, exprimer de la gratitude. Alors, l'invitée tente de prendre la parole mais la fameuse main aux fines phalanges ornées de diamants se pose sur son bras, lui imposant le silence. Car Sarah n'a pas fini son speech. Julia, pétrifiée, écoute sagement la fin de sa tirade proférée d'une voix basse, chaude et caressante.

— Ma chère amie, je sais tout. Je dis bien « amie » car à partir d'aujourd'hui, nous faisons partie du même club. Celui des mères dont les enfants n'ont pas de père. Ne prenez pas cet air effaré. Il n'y a aucun déshonneur à cela. Seuls les esprits obtus d'un monde archaïque nous condamnent, au nom d'une morale à laquelle ils dérogent sans cesse ou d'une religion dont ils n'ont pas compris les principes de générosité. Mais nous sommes des artistes, et les artistes se moquent des conventions dictées par la bourgeoisie, n'est-ce pas ? Vous avez appelé ce petit ange Maurice. J'aime cette coïncidence : Maurice est aussi le prénom de mon fils. Je l'adore, le vénère et le gâte à heures fixes. Je viens de lui offrir un poney. Pour lui, je suis prête à toutes les folies. Il me comble, répond à toutes mes attentes et me rend au centuple l'affection que je lui voue. Jadis, son père biologique, le prince de Ligne, n'a pas daigné le reconnaître. À présent que je suis devenue « la Grande Sarah », il désire ardemment le voir mais Maurice, lui, refuse de le rencontrer. Il dit qu'il est trop tard et qu'il est ravi de s'appeler Bernhardt, comme moi. Depuis sa naissance, je joue les deux rôles à la fois : je suis la mère et le père de cet être exquis, et je m'en sors très bien. Vous le savez bien ; nous, les comédiennes, sommes de la race des indépendantes, des frondeuses, des scandaleuses. Vous ferez comme moi. Vous élèverez votre petit trésor, il n'aura pas besoin d'autre appui, vous serez son pilier, son étoile, et il vous adorera. J'avais le même âge que vous quand mon petit ange est né. Je me suis débrouillée et il n'a jamais manqué de rien. Vous pouvez compter sur moi, chère Julia. Si vous flanchez, je serai à vos côtés.

Louis, éberlué, répéta machinalement la phrase de Sarah : « Si vous flanchez, je serai à vos côtés. » Ce renversement de situation, il ne l'avait pas envisagé une seconde. Décidément, sa maîtresse a l'art de ménager les surprises et les rebondissements.

— Mais alors, son immense colère, sa rage vengeresse, sa méchante cabale contre vous ?

— C'était terminé. Nous étions unies par un destin commun, solidaires, amies pour la vie. Et puis, elle partait pour l'Amérique, et moi, j'étais soulagée, enchantée. Sa volte-face, je la devais à Maurice, son fils. Nos statuts de fille-mère nous soudaient. Je l'avais touchée parce que je lui renvoyais sa propre image en miroir. Elle aussi s'était cachée, elle aussi s'était sentie abandonnée, rejetée par les siens, sans argent, sans protecteur, murée dans le silence et la honte, responsable d'un être humain à l'âge où l'on est encore une enfant, pas tout à fait une adulte. Sarah ne baissait jamais la garde. Même seule face à elle-même, elle était encore en représentation. J'avais eu la chance inouïe de découvrir la face cachée d'un monstre sacré. Je touchais enfin du doigt l'humanité profonde d'une légende. Elle m'offrait son aide et son amitié. Elle avait un cœur et me le prouvait.

— Je comprends tout, à présent. Votre acharnement à connaître son enfance, son adolescence, le milieu dans lequel elle a vécu, votre obsession de Sarah. Elle est devenue au fil du temps un objet d'enquête et d'affection. Après vous avoir tant fait souffrir, cette redoutable rivale s'était muée en amie. Il faut écrire tout cela, Julia. Vous donnerez de Sarah un portrait neuf, inédit, décalé. Promettez-moi de le faire. Je vous aiderai comme je pourrai. Je serai votre informateur, votre documentaliste et votre premier lecteur.

— Tout cela, mon tendre ami, vous l'étiez déjà et depuis quelques heures vous êtes bien plus encore…

— Ils se quittèrent dans un dernier baiser puis il appela un taxi et Julia repartit chez elle. Elle avait hâte de se remettre au travail, de raconter en témoin privilégié, la suite des aventures de son héroïne.

TABLEAU DE CHASSE

Avenue de Villiers, les bristols s'amoncellent sur la console : Daudet, Sardou, Meyer, Guitry, Clemenceau, les proustiens Boni de Castellane, Reynaldo Hahn et Robert de Montesquiou. La petite cour s'impatiente d'être reçue chez elle comme au bon vieux temps : fiesta jusqu'à l'aube, champagne, mimes, charades et caviar à profusion. D'une vitalité, d'un humour, d'une sagacité et d'une vacherie épuisants, Sarah rendait tout plus intense. Sept mois sans l'illustre expatriée qui a découvert, conquis et séduit le Nouveau Monde, c'est trop long : le Tout-Paris périt d'ennui. Flanquée de sa troupe, de Mme Guérard, de ses deux imprésarios Jarrett et Abbey, de ses quarante-deux malles de costumes signés Worth, l'oiseau migrateur a parcouru cinquante villes et donné deux cent cinquante-six représentations. Le train, le bateau, les routes poussiéreuses, les hôtels parfois miteux, le froid polaire, la canicule. Une autre qu'elle serait exténuée, tout juste bonne pour le sanatorium. Mais Sarah est un rouleau compresseur motivé. Ce moteur à explosion, cette fausse fragile produit sa propre énergie renouvelable, à la demande. Contre vents et marées, elle a tenu le cap. Car à l'issue de ces épreuves, deux formidables lots de consolation l'attendaient : retrouver Maurice, son fils adoré et évaluer la fortune amassée dans cette triomphale tournée.

Beau comme un ange, aussi doux qu'un chat angora, l'adolescent s'était jeté dans les bras de sa célèbre maman, au Havre où accostait le paquebot. Ce fut une extase. Quant au pactole, qui a besoin d'un coffre-fort dont on peut perdre la clé quand on possède une tirelire portative ? Cette sacoche de cuir dont elle ne se sépare jamais présente aujourd'hui d'intéressantes boursouflures et un contenu qui s'élève à un million de francs-or. Tel Harpagon, elle compte et recompte ses lingots. Oui, cette expédition valait le coup. Elle est décidément beaucoup trop chère pour les Français. Eux n'ont pas les moyens de se l'offrir. Affalée sur son tramway, entortillée dans ses coussins à pompons, l'aventurière songe aux récits cocasses qu'elle mettra en scène pour ses intimes.

New York, Boston, Montréal, Baltimore, Philadelphie, Chicago, Washington, Nashville, Atlanta, Toronto : partout, elle a été reçue comme une divinité. Chaque déplacement exige douze heures de train. Sur le quai, des hommes l'attendent et s'allongent sur le sol pour lui servir de carpette quand elle s'extrait de son wagon. Aux chutes du Niagara, elle a traversé, chaussée d'escarpins, une étendue de glace en esquivant gracieusement les crevasses. À La Nouvelle-Orléans inondée où flottaient des alligators, elle a adopté un bébé caïman, qui n'a pas longtemps survécu au régime xérès-banane qu'elle lui imposait. À Boston, on l'a photographiée chevauchant une baleine géante. Mais c'est à New York, où Edison lui offrit ses lumières tout en lui faisant visiter son labo électrique, que les satiristes et les dessinateurs se déchaînèrent, surpassant en férocité leurs confrères français. Si à Paris on la surnomme la « juive errante », elle est à Manhattan, approximation phonétique oblige, « Séreu Beunatt » ou plus familièrement « Sadie ». Croquée en poteau télégraphique, en mangeuse d'or, on prétend même qu'elle n'est qu'une doublure de la vraie tragédienne, un clone, un squelette des Catacombes que quatre petites mains habillent et maquillent et que des marionnettistes actionnent. Épatés, les New-Yorkais s'arrachent « les amours de Sarah », feuilleton graveleux où il est écrit qu'elle a accouché de deux bâtards. L'un serait le fils de Napoléon III, l'autre du pape en personne !

Ses amis croiront qu'elle affabule. Et quand elle ajoutera que sur les murs de la ville fleurissent des affiches publicitaires pour les sodas, les savons, la poudre de riz, les épingles à cravate ou les hot dogs Sarah Bernhardt sans qu'elle n'ait jamais autorisé une telle exploitation de son nom ou de son image, ils lui reprocheront évidemment de ne pas avoir saisi les tribunaux. C'est alors qu'en repeignant ses lèvres en rouge cyclamen, elle leur révélera l'étonnant leitmotiv de son imprésario. « Ma chère, je vous en prie, ne décourageons pas la réclame ! », lui répétait-il chaque fois qu'elle s'indignait d'être traînée dans la boue. La réclame : la potion magique de la modernité ! Et il avait raison. Elle laissa dire et faire. C'est ainsi qu'elle en apprit plus en sept mois avec le redoutable Jarrett qu'en vingt ans d'expérience à Paris.

Et cette leçon lui sert désormais de viatique. « Parlez de moi, en tort ou en bien, cela finira toujours par me profiter » : voilà sa devise pour les années à venir. Mais il lui faut désormais regagner le cœur des Français, qui l'ont oubliée. À ce sujet lui vient une idée patriotique. À l'Opéra où l'on donne un gala pour le 14 Juillet, la rusée pique son rôle à Mme Agar et, brandissant le drapeau tricolore, déclame en sanglotant devant une foule enamourée l'hymne de Rouget de Lisle. Malgré ce triomphe, la sacoche de cuir maigrit à vue d'œil, il faut la nourrir en programmant de nouveaux tours du monde. De plus, ses amants actuels – les comédiens Garnier et Angélo – sont à ses bottes, ces raseurs l'assomment. Elle a envie d'un rebelle, d'un marginal, d'un homme qui ne rappliquerait pas dès qu'elle le siffle. Sa sœur Jeanne possède ce profil rare dans son carnet d'adresses. Elle l'a rencontré dans une fumerie d'opium. Comme elle, il se pique à la morphine à heures fixes. On prétend qu'en Grèce, son pays, des beautés se sont suicidées pour lui.

Grand, mince, musclé, regard oriental aux reflets bleu-gris, Aristide Damala est, au même titre que Sarah, un danger public. Son pedigree intrigue. Fils d'un riche négociant du Pirée, il est officier d'ambassade à Paris. Indolent, fataliste, il traite les femmes comme des objets. Au premier rendez-vous, elle sent qu'elle est cuite. Il feint de ne pas savoir qui elle est, se moque de l'intérêt appuyé qu'elle lui porte, ne remarquant même pas qu'elle lui sort le grand jeu. À la fin, il lui suggère de passer par Saint-Pétersbourg pendant sa tournée si elle souhaite le revoir. C'est incongru. Elle en est arrivée à un stade de son existence où il lui est difficile d'ignorer qu'elle constitue un trophée de chasse pour les hommes. On ne la désire pas pour sa beauté, sa jeunesse ou sa sensualité, mais pour sa célébrité. Cet étranger au contraire se fiche éperdument de sa renommée mondiale. Du coup, l'exotique Damala devient son idée fixe. Puisqu'il lui résiste, elle le veut. Elle en rêve jour et nuit et, de Vienne à Bruxelles où, chaque fois, les princes et les rois la couvrent de somptueux joyaux, elle joue l'agonie de Marguerite Gautier en pilotage automatique. Sa gloire, son métier ? Elle s'en moque. Rien ne la stimule plus que l'espoir de revoir le bel indifférent.

À Rome, elle croise son alter ego italien, la ravissante Duse, en profite pour la mettre dans son lit, avant d'opérer le même rapt érotique sur son compagnon, le poète Gabriele d'Annunzio, histoire de ne pas faire de jaloux. Mais le but de ce voyage, c'est la Russie où Damala est en poste : enfin, la voici à Saint-Pétersbourg. Son caprice est à portée de main. C'est à peine si elle prend le temps de lire le commentaire mitigé que le plus grand dramaturge russe publie sur elle dans un quotidien : « Chaque soupir de Sarah, écrit Tchekhov, ses larmes, ses convulsions d'agonie, son jeu tout entier ne sont rien d'autre qu'une leçon parfaitement et intelligemment apprise, rien de plus. Chacun de ses pas est un tour d'adresse dûment réfléchi, cent fois souligné. Elle fait de ses héroïnes des femmes aussi extraordinaires qu'elle-même. Quand elle joue, ce n'est pas le naturel qu'elle cherche mais l'extraordinaire. Elle veut impressionner, étonner, éblouir. »

Mais il en est un qui n'est ni impressionné, ni étonné, ni ébloui. Cet objet du désir, cet obscur Damala dont elle sait pertinemment qu'il la trompe avec de jeunes Moscovites n'est pas impatient de la revoir. Qu'importe, elle l'a retrouvé, il le lui faut, quel qu'en soit le prix. Ce prix est exorbitant : la sacoche s'effiloche de 25 000 francs, montant qu'elle doit à son agent pour avoir annulé une dizaine de représentations afin de s'enfuir avec le volage Athénien. À cela s'ajoutent les quatre-vingt-dix heures de train aller et retour pour gagner Londres, seule capitale où l'on autorise l'hymen d'un orthodoxe et d'une catholique un peu juive. Plus les obstacles se multiplient, plus elle fait preuve d'endurance. Lui, manipulé, téléguidé et vaguement flatté, se laisse faire. La force vitale de Sarah balaye tout sur son passage. Quarante-huit heures plus tard, celle pour qui les hommes les plus puissants de France se seraient damnés devient Mme Damala, épouse d'un Adonis coureur de jupons de onze ans son cadet. Quel gâchis !

Maurice suppute que sa chère maman est en proie à une crise de démence. Il n'est pas le seul. Les chroniqueurs rebaptisent le gigolo « M. Sarah Bernhardt ». Il est arrogant, antipathique, sans emploi et vivra à ses crochets. Et c'est pour ce boulet, cette poupée vaudou, qu'elle abandonne cette indépendance qui était sa fierté et sa joie ? Quelle mouche la pique ? Elle qui jetait Mounet-Sully comme un mouchoir usagé, snobait le prince de Ligne et congédiait Hugo sans préavis, qu'a-t-elle fait de son panache et de sa splendeur ? Où sont donc passés son humour ravageur et sa tordante devise : « L'amour c'est un coup d'œil, un coup de reins et un coup d'éponge » ?

On ne sait pas. Plusieurs hypothèses circulent. La plus crédible est qu'elle redoute la quarantaine qui approche et qu'elle souhaite se ranger. En réalité, avec lui, elle s'engage pour sept ans de malheur et de tracas. Soumise à un morphinomane, Sarah déraille. Il se pique en cachette, sans même désinfecter la seringue. Elle feint d'ignorer sa dépendance. Elle connaît pourtant bien les ravages de la drogue. Sa sœur Jeanne est tout aussi incapable de décrocher. Avec elle, elle a tout essayé, y compris la cruauté. Un soir, la voyant en extase, avachie et flottante après une injection, Sarah a saisi une cravache et l'a battue comme plâtre pour la dompter. Rien à faire : Jeanne, victime de sa toxicomanie, périra huit ans plus tard. Rongée par la culpabilité, la grande sœur intégrera à sa troupe sa nièce Saryta, la fille de Jeanne, aussi opiomane que sa mère et abonnée aux liaisons saphiques. Sa famille, sa croix ! Mais Aristide qu'elle prénomme « Jacques » afin de le « franciser », alors qu'il la surnomme « Hazy », se montre encore plus ingérable que les membres de la tribu Bernard !

Ce don Juan est un poison violent. Il lui vole des bijoux qu'il offre ensuite à ses maîtresses, boit comme un trou, passe ses nuits dans des tripots et exige d'elle qu'elle le fasse débuter au théâtre. Il veut se réinventer en acteur, tout de suite, à tout prix. Mais il n'a aucun talent. Alors, il s'emporte, la rabaisse, l'humilie. À quoi bon, lui dit-il, cette célébrité mondiale dont elle se flatte, cette ridicule bourse de cuir qui contient des millions, ce grandiose hôtel particulier de l'avenue de Villiers, ce ruineux manoir qu'elle a fait construire près du Havre, à Sainte-Adresse, et qu'elle a ironiquement baptisé « château de la Solitude », elle qui traîne toujours une clique d'admirateurs à ses basques ? À quoi lui sert cette troupe personnelle, ces théâtres qu'elle loue à tour de bras, l'Ambigu, la Porte Saint-Martin et bientôt la Renaissance, ces dramaturges inféodés à sa gloire, si elle est incapable de mettre en scène et en vedette son propre mari ? Vaniteuse, égoïste, insensible et sans doute bientôt trop âgée pour jouer les jeunes premières : tel est son pronostic et le lamentable reflet que lui renvoie d'elle l'homme qu'elle a dans la peau.

La rousse incendiaire est sous emprise. Elle s'incline. Il veut jouer ? Il jouera un Armand Duval à accent grec, sans charisme, sans expérience. Les critiques le gratifient d'un surnom : « le Damala aux camélias ». C'est une sinistre déculottée ! Elle l'avait pourtant prévenu. En proie à une rage mauvaise, le mari s'expatrie alors en Algérie, accepte de suivre une cure de désintoxication puis replonge, ne donnant plus de nouvelles. On murmure qu'il porte la poisse.

Sous son règne, aucune des pièces que monte Sarah ne marche. La sacoche de cuir devient anorexique. Financièrement étranglée, Mme Damala met ses plus beaux bibelots et ses saphirs au mont-de-piété. Il va bientôt falloir quitter le luxueux palais Fortuny et repartir en tournée. Pour ne pas subir les mauvaises ondes de Monsieur, la mal-mariée s'offre des dérivatifs.

Elle n'a certes plus d'argent, plus de succès, mais ses manières ondulantes, sa crinière mousseuse et sa taille de guêpe attirent toujours autant de prétendants. Infidèle par principe, elle croque des galants, ses friandises préférées depuis l'adolescence. Ne pas remercier Jules Lemaître, qui, l'ayant vue dans *Fédora*, son premier mélodrame populaire, écrit « Personne ne se pose ne se plie ne s'allonge, ne glisse, ne tombe comme Mme Sarah Bernhardt. Sa voix ? Une coulée d'or sans une scorie ni une aspérité. Parfois elle martèle son débit et passe certaines syllabes au laminoir de ses dents et les mots tombent les uns sur les autres comme des pièces d'or », c'eût été discourtois. Il gagne un lot : une nuit dans le lit de la femme en or. Quant à Jean Richepin, ce fantaisiste la distrait follement. Physiquement, Jean semble un clone de Jacques. Boucles brunes, fine moustache, regard viril et perçant, carrure de lutteur : c'est son type d'homme. On peut le classer dans la même catégorie de baraqués tentants que Mounet-Sully et Duquesnel. Plus iconoclaste, on ne fait pas. Intellectuel et athlète, Richepin a successivement gagné sa vie comme marin, acrobate, boxeur et haltérophile. Il est très cultivé, irrésistible de culot et de drôlerie. Lassé de son existence de forain anarchiste, cet original se meut ensuite en écrivain. Il fraternise avec Rimbaud et compose un recueil de poèmes, *La Chanson des gueux*, qui ne tarde pas à être censuré pour outrage aux bonnes mœurs. S'ensuit une farandole d'emmerdements : amendes, privation des droits civiques, politiques et séjour d'un mois en prison.

Cette désastreuse séquence présente toutefois un avantage : Richepin devient immédiatement célèbre. Avec Sarah, ils sont en osmose. Scandaleux, désinhibés, allergiques à toute forme d'autorité, le couple a des projets et besoin de personne pour les porter. Il lui écrit une pièce, *La Glu*, dans laquelle elle triomphe. Leurs créations suivantes ne font pas recette. Ce sémillant dramaturge est surtout son meilleur amant. Mais il a des rivaux : Jules Lemaître, l'acteur Philippe Garnier, et le mari officiel, dont l'état se dégrade de jour en jour. Tout ce petit monde se déteste cordialement. Chacun voudrait Sarah en exclusivité, mais c'est impossible et ils le savent bien. Cette femme fantasque n'a jamais été la propriété d'un seul homme. Et quand ils deviennent collants, elle prend le large au sens strict et s'embarque pour des tournées au bout du monde. La retenir relève de la gageure. Elle souhaite en outre qu'on la domine. Or, aucun d'entre eux ne s'en montre capable. Que veut l'hystérique ? Un maître sur lequel elle règne.

Côté finances, c'est le début de la débâcle aussi. Semblable à du sable fin, l'argent est en train de lui filer sous les doigts et elle a horreur de ça. Elle flambe allégrement et ne sait pas dire non à Maurice, son prince, son rejeton oisif et trop gâté. Il lui rafle des sommes indécentes qu'il perd à la roulette ou sur les champs de courses. Dettes de jeu, dettes au théâtre où elle cumule les échecs : il lui faudrait une pièce sensationnelle qui ameuterait les foules et renflouerait ses caisses. Victorien Sardou sait faire. Il lui apporte *Théodora*, un péplum cousu main. Car cette courtisane devenue impératrice de Byzance, à un ou deux détails près, c'est elle. Sarah et Théodora sont sœurs de destin. L'identification est telle qu'elle se rend en Italie, à Ravenne. En immersion sur le terrain, l'actrice archéologue inspecte les mosaïques d'époque qui lui serviront de canevas pour créer le costume, la physionomie et le maquillage du personnage.

26 décembre 1884, 19 heures. Dans sa loge aromatisée de musc et de rose, les gerbes de fleurs envahissent l'espace. Le trac l'envahit. Elle s'est tellement investie dans *Théodora* qu'elle ne supporterait pas que son public n'adhère pas. Le texte de Sardou, elle l'a appris à toute allure, comme elle a ingéré en accéléré les centaines de vers de Phèdre, d'Andromaque ou de Desdémone. Chacun sait qu'elle possède un don : l'hypermnésie, une façon très spéciale de retenir instantanément ce qu'elle lit ou visualise. Jamais sujette aux trous de mémoire, elle a même éjecté de la scène la guérite du souffleur qu'elle juge superflue. L'heure fatidique approche. Elle répète une dernière fois en tricotant une écharpe de laine couleur jacinthe qu'elle destine à une jeune actrice. Cette

fille s'appelle Réjane, elle est piquante et gentille, elle lui plaît, elle a décidé de la faire débuter. Qui a dit que Sarah était un monstre d'égocentrisme ? Marie Colombier, sa plus ancienne amie : c'est elle, cette jalouse, cette ratée, qui répand ces rumeurs et d'autres plus atroces encore dans un brûlot que le public s'arrache et que la traîtresse a réussi à vendre à dix mille exemplaires. Elle l'a intitulé *Les Mémoires de Sarah Barnum*. La plus illustre tragédienne du siècle comparée à un phénomène de foire. Quelle bassesse !

On veut sa peau, elle le sait, elle le sent. Son instinct ne la trompe jamais. Ils vont voir si la grande Sarah est ruinée, finie, déchue. Ce soir, elle joue son va-tout. Elle a renvoyé sa maquilleuse, qui s'emmêlait les pinceaux. Face à la psyché, c'est elle et elle seule qui composera le masque de la prostituée antique qui convoite le trône de Byzance. La poudre de riz lisse et veloute d'un nuage diaphane son teint terni par l'insomnie. Ses yeux ? Deux rivières d'un vert nacré. Elle les surligne d'un trait de khôl charbonneux qui s'étire vers les tempes en un minuscule hiéroglyphe. Les sourcils sont estompés par le fard. La bouche figure un petit lac qu'elle peint en mauve lilas. Cinq minutes plus tard surgit le visage d'une souveraine mystérieuse, triste et lasse. C'est exactement l'effet qu'elle veut produire. Il lui reste un quart d'heure pour improviser un chignon, poser sur son crâne un casque d'or, surmonté d'un polygone incrusté d'éclats de rubis, ajuster la gaze de soie qui mettra en valeur son regard, enfiler la longue tunique byzantine et la manchette serpentine dont s'est chargée Lalique : elle est prête.

Ah non, zut : elle a failli oublier son rituel d'entrée en scène. Un truc fétichiste qui remonte à sa première année à la Comédie-Française, un tic, une délicieuse manie. Juste avant de se lancer dans l'arène, la superstitieuse vaporise rapidement trois gouttes d'Héliotrope blanc dans le creux du poignet et à la naissance des seins. Cette fragrance hors de prix lui fut offerte par sa mère quand la maison Oriza, « fournisseur des cours étrangères », s'installa rue Saint-Honoré tout près de l'appartement familial. L'impératrice Eugénie et le tzar de toutes les Russies s'en remettaient au nez du parfumeur Louis Legrand. La première exhalait le gingembre et la bergamote, le second un muguet de Nice : telles étaient les ordonnances olfactives du fameux Legrand, que les grands de ce monde respectaient à la lettre. Il travaillait sur mesure, en s'inspirant des portraits qu'on lui expédiait. Mais quand il aperçut la remuante petite rousse renifler l'odeur des fioles exposées dans sa vitrine, il eut une vision. La jugeant solaire, il lui concocta un entêtant cocktail d'amandes, de miel et d'iris, régressif et gourmand, aussi réconfortant qu'un élixir de macaron. Depuis ce jour, l'Héliotrope d'Oriza agit sur elle comme un philtre magique, une essence porte-bonheur qui la protège des mauvaises ondes.

On frappe les trois coups. Impossible de reculer. C'est l'heure. La divine va s'offrir à l'appétit voyeur des fauves. Comme toujours, elle avance sur le plateau et s'immobilise un instant afin d'observer le public en écartant légèrement le rideau. Encastrés dans l'écrin grenat de la salle, dames et valets de trèfle exhibant leurs habits de gala, ils sont venus, ils sont tous là. Fidèles au poste : les politiques, les hommes d'affaires, les critiques, les comtesses du faubourg Saint-Germain, les intimes, les littérateurs – elle aperçoit Dumas fils, Pierre Loti, Guy de Maupassant, Octave Mirbeau –, son cher Hugo est excusé, il est très affaibli ces temps-ci. Le gratin au grand complet est assis, se demandant si dans un instant elle trébuchera ou pas. Elle entre, les chuchoteurs et les tousseurs se taisent subitement. Jouer qu'est-ce que c'est ? Installer le silence. Elle a métabolisé l'énigmatique Théodora, qui désormais étincelle. La voix d'or décline ses gammes aux nuances infinies : violon, contrebasse, crécelle. Elle accélère. Freine. Impose son rythme aux tourments de l'impératrice. Tour à tour enfantine, séductrice, victime, chatte et rossignol, princesse et sorcière, l'artiste exécute son numéro de liane tropicale, déroulant ses sortilèges, chorégraphiant chacun de ses pas, ensorcelant la foule et ses partenaires. Une heure trente plus tard, tous rendent les armes : les amis, les ennemis, les sceptiques et les railleurs. Applaudie à tout rompre, inversant la tendance, elle remporte la mise. Un coup de dés décisif. Ses actions remontent à la Bourse. *Quand même !*

Le lendemain, la presse se montre dithyrambique. On rend respectueusement son trône à celle qu'on avait trop hâtivement lynchée. Cette pièce, elle la jouera trois cents fois. La veille, à la première de

Théodora, nul n'a remarqué la présence d'un jeune Viennois discret, timide, très myope, vêtu d'un costume de tweed. À l'entracte, il fumait sa pipe et prenait des notes. Maurice se renseigna. L'étranger, dit-il, est un psychiatre qui suit à la Salpêtrière les cours d'hypnose du Docteur Charcot. On le dit brillant et très intéressé par l'hystérie. Il s'appelle Sigmund Freud. Le nom, qu'elle trouve pittoresque, amuse Sarah. Elle n'a pas su ce jour-là que ce singulier spectateur s'apprêtait à changer la face du monde en inventant la psychanalyse, ni qu'il avait acheté un portrait d'elle qu'il accrocherait plus tard au mur de son cabinet, pas plus qu'elle n'eut vent de la lettre qu'il venait d'écrire à une amie autrichienne. Son contenu l'aurait pourtant intriguée. On peut y lire le commentaire suivant, mixte de compte rendu théâtral et de diagnostic senti : « Mais comme cette Sarah joue ! Après les premiers mots de sa voix vibrante et belle, j'ai eu le sentiment que je la connaissais depuis des années. Rien de ce qu'elle aurait pu dire ne m'aurait surpris. Je croyais immédiatement la moindre de ses paroles et puis il y avait ces flatteries, ces implorations et ces étreintes. Il est incroyable de voir quelles attitudes elle est capable de prendre et comment chaque membre et chaque articulation joue avec elle. C'est un être étrange. Il m'est facile d'imaginer qu'elle n'a nullement besoin d'être une autre à la ville qu'à la scène. »

L'examen clinique fourni par Freud est précis : pareille aux mythomanes, cet « être étrange » convainc l'interlocuteur et se persuade elle-même de ses mensonges. Ce n'est pas tout. Douée pour désarticuler ses membres et offrir l'apparence du désordre mental, simulant des convulsions, hurlant et s'effondrant dans le même mouvement, la patiente présente tous les symptômes de l'hystérie, cette nouvelle maladie psychique que le Docteur Charcot vient de mettre en lumière. Freud se demande s'il n'est pas tombé, par hasard, sur un cas d'école. Quelque chose de sensationnel, une aliénée en liberté, non traitée et que le monde entier acclame comme la plus grande célébrité de l'époque. Indice supplémentaire, note le psychiatre : « Elle n'a nullement besoin d'être une autre à la ville qu'à la scène. » Autrement dit, « cette Sarah », confondant le réel et la fiction, enchaîne sans le savoir des épisodes confusionnels suscités par un métier qui exige d'elle qu'elle délire à heures fixes.

L'homme est pris d'une furieuse envie de disséquer cet esprit malade. Professionnellement, bien sûr. Si, de surcroît, l'analyste avait eu connaissance des gifles qui s'abattent sur la grosse Martha, une actrice souffre-douleur de sa troupe, ou des coups de cravache administrés sans pitié à sa sœur Jeanne, si enfin il avait pu lire la lettre que Sarah vient d'envoyer à Richepin qui la quitte, il en aurait conclu qu'il était sur la bonne piste. Invectives, suppliques, serments, menaces, violence, élans morbides, l'incohérence de la forme et du ton donne le frisson. Extrait : « Que m'importe tout ? Mais toi, je veux toi... Pardonne-moi, pardonne-moi. Oh ! dire que cette lettre ne criera pas alors que moi j'ai crié que je souffre... Je me tuerai doucement dans un spasme d'amour avec ton couteau d'ivoire et tu jetteras à la rue mon petit corps d'amante et personne ne le saura et tu pourras dire : "Voyez, elle était folle !" »

« Folle », l'épithète ne l'effraye pas le moins du monde. Instable, colérique, sujette aux crises de nerfs : depuis sa plus tendre enfance, Sarah a toujours assumé son déséquilibre, sa cyclothymie, ses élans de mélancolie ou d'euphorie. Personne n'aurait eu l'audace de lui conseiller de se faire soigner. Imaginons que Freud l'ait convoquée à Vienne afin de lui suggérer d'entreprendre une thérapie. Sigmund Freud et Sarah Bernhardt, face à face, deux manipulateurs de génie. Que se serait-il passé ? Gentleman, le théoricien de l'inconscient aurait d'abord baisé la fine main gantée de daim noir. Vêtue d'une longue et miroitante robe de peluche violâtre ornée d'écumantes dentelles, la taille cerclée d'une large ceinture d'étain, la grande dame du théâtre aurait ôté sa chapka en vison rapportée de Moscou et inspecté le décor d'un regard vif et panoptique. Quelques similitudes entre elle et lui dans l'art du mélange l'auraient frappée : le sofa rouge recouvert d'un tapis persan et de coussins orientaux, au sol le kilim élimé, et sur le bureau, aux murs, ornant les étagères, des centaines de statuettes antiques, de masques africains, d'artefacts témoignant d'une affection prononcée pour les civilisations égyptiennes, grecques, romaines ou indiennes.

Un premier contact plaisant, somme toute. Puis, il l'aurait invitée à s'allonger sur le divan. S'étendre sur du velours ? Pourquoi pas. Elle-même ne reçoit ses invités que dans cette posture d'odalisque. Mais ensuite, que propose-t-il ? De lui dire ce qui lui passe par l'esprit ? Quelle étrange idée. À la limite, elle peut lui réciter une scène de *Lorenzaccio*, oui, un héros masculin, encore un rôle de travesti. C'est en fréquentant George Sand, qui ne s'habillait qu'en homme et qui fut la maîtresse de Musset, qu'elle en a eu l'idée. Cela fera jaser tout Paris. Provoquer, scandaliser, elle adore ça. C'est un projet qu'elle va monter bientôt et qui lui tient à cœur. Après tout, cet élégant jeune homme est tout à fait capable de lui servir de répétiteur au pied levé. Quoi ? Que dit-il ? Une séance de trente minutes ? Mais pour une telle prestation, sait-il quel tarif elle réclame habituellement ? Ah, comment ? Il ne payera pas et c'est lui, ce spectateur malhonnête, qu'il faudrait rétribuer à la fin de la représentation ? Voyons, cher Monsieur, réplique-t-elle, abasourdie, s'il s'agit d'une farce, elle est d'un bien mauvais goût ! La faire venir en Autriche pour ça, elle dont l'emploi du temps est si chargé, comment ose-t-il ? Si seulement elle s'était doutée... Alors, dans le cabinet de curiosités, qui ne laisse généralement filtrer que sons feutrés et phrases dépressives, éclate le rire incassable de Sarah. Après un regard réfrigérant, elle toise l'original qui pensait pouvoir s'offrir son art à l'œil et quitte le 19 Berggasse, en faisant claquer sur le pavé le talon de ses bottines. Le futur grand homme referme la porte et s'assoit calmement à son bureau. Sur son carnet de moleskine, à la date du jour, il inscrit à la plume : « Sarah Bernhardt, névrosée, pulsions agressives, dominatrice, probablement érotomane… N'a pas voulu donner suite. Impossible d'aller plus loin dans l'investigation. Sûrement imperméable à la suggestion et donc à l'hypnose. A refusé la cure. Résistance caractéristique de l'hystérie. »

Non, Sarah n'a jamais consulté de psychothérapeute. Une ou deux voyantes, de temps en temps, quelques tables tournantes à l'occasion, mais la plupart du temps elle soigne ses états d'âme autrement. Le porto, les amants, les fiestas, les gratifications narcissiques de sa petite cour, composée d'homosexuels des deux sexes, les portraits flatteurs des journalistes ou des peintres qu'elle remercie en nature, les récits qu'elle écrit, comme ce « Dans les nuages », texte enfantin que tous les éditeurs veulent publier – qu'importe le contenu, c'est la signature qui compte – et ses sculptures qui se vendent pour la même raison. Célébrée dans le monde entier, sujet de roman à part entière – Henry James et Edmond de Goncourt s'y sont collés en changeant simplement le nom de l'héroïne –, elle a des regrets et des chagrins qu'elle ne confie à personne. Mortes : sa mère et ses deux sœurs, sans qu'elle n'ait rien pu faire pour les sauver de la maladie. Mortes mais, même quand elles étaient vivantes, Sarah ne fut pour elles qu'un gagne-pain, jamais un objet d'affection. En se mariant, elle visait un but inatteignable : créer quelque chose qui ressemblerait enfin à une vraie famille. Mais voilà, Damala vient de s'éteindre, victime de sa monstrueuse dépendance à la morphine. Lui non plus ne l'aimait pas. Lui aussi comptait sur elle pour l'entretenir.

Et si Marie Colombier avait vu juste, en la décrivant comme une créature insensible, narcissique, impitoyable, un vampire toujours en représentation, se suffisant à elle seule, mue par un insatiable appétit de gloire et d'honneurs, incapable d'aimer et d'être aimée ? Autour d'elle, une hécatombe. Porte-t-elle la poisse ? Au Moyen Âge, on accusait les femmes rousses de sorcellerie et on les brûlait en place publique. À la Belle Époque, l'antisémitisme rampant trouve ses caisses de résonance dans *La France juive*, pavé haineux de 1 200 pages que signe Édouard Drumont. Elle ne lit pas ce texte abject, sorte de bottin de la délation, mais son ami Arthur Meyer, directeur du *Gaulois*, s'en charge pour elle et, provoquant l'auteur en duel, le blesse gravement. Drumont survit et s'apprête même à fonder son torchon d'extrême droite, un journal dont il rédige toutes les pages, *La Libre Parole*. Sarah y est régulièrement vouée aux gémonies. L'atmosphère, en France, est irrespirable en ce moment. Accablée par la mort de Damala, la sorcière rouquine et juive a le spleen mais n'en laisse rien paraître. Ses ennemis peuvent bien penser, dire et écrire que son geste n'est que pure façade pour attirer des éloges et lui permettre de passer pour une veuve aussi généreuse qu'éplorée, que tout ce cirque n'est qu'une mise en scène de plus, elle s'en fiche. Elle prend le bateau pour Le Pirée, afin d'enterrer Aristide, trente-deux ans. Sur sa tombe, elle installe le buste de son époux défunt. C'est elle qui l'a sculpté de ses propres mains. Elle a adoré cet être malade et fuyant.

SARAH, ZOLA
ET LE CAPITAINE DREYFUS

Oui, tout va de mal en pis. Au théâtre, rien ne marche. Pour stopper l'hémorragie, elle remonte *La Dame aux camélias*, son joker, sa carte chance, sa martingale. On dirait qu'il n'y a que dans ce rôle de tuberculeuse mourante qu'on l'apprécie. Une langue de vipère a même osé écrire : « Elle récite son texte comme une élève dirait ses prières la veille de sa première communion. Ayant pris l'habitude de jouer devant des salles qui ne comprennent pas le français, elle a perdu la faculté d'exprimer les sentiments du quotidien. Mme Sarah Bernhardt ne redevient elle-même que lorsqu'elle tue ou lorsqu'elle meurt. » Eh bien oui, elle trucide et elle décède en scène, plus souvent qu'elle ne le souhaiterait. Et alors ? Est-ce sa faute à elle si la tragédie ne parle que de passions sanguinaires, et ce depuis l'Antiquité ? C'est eux, les dramaturges, qu'il faut fustiger, pas elle qui n'est que l'humble messagère des génies de la langue française. La France, parlons-en ! Sa sacoche est vide. Il faut, humiliation suprême, vendre Fortuny. Mais elle ne s'avoue pas vaincue. Factures, créanciers, huissiers : ce sinistre cortège est son lot. Elle s'y est accoutumée. Pour survivre, elle se démène comme un beau diable depuis sa naissance. Invente, déménage, vend ses charmes, innove, ruse, s'expatrie. Multi-endeuillée, professionnellement finie à Paris, il lui reste l'Amérique, où l'on trépigne d'impatience de la voir se battre, manier l'épée, le poignard ou le poison, et de mourir sur scène. Loin d'être blasés, ils en redemandent, eux. « *A star is a star* », comme disent ces grands enfants naïfs.

En tout cas, elle ne simule jamais ses émotions sur scène. La preuve ? À force de mourir en chutant au dernier acte, elle a fini par torpiller sa rotule droite. Une automutilation flamboyante, un accident de travail. Tout à son art, elle ne sentait pas la douleur. Mais aujourd'hui, il faut bien se rendre à l'évidence : la blessure n'est pas jolie et le genou enfle. Le Docteur Pozzi veut la plâtrer. Elle refuse. Il l'a alors supplié de se ménager, de tomber pour de faux, de ployer le corps sans se rompre les os. Les mains sur les hanches, battant des cils en signe d'impatience, la patiente a répliqué qu'elle ne se mêlerait pas d'anatomie pourvu qu'il ne se mêle pas de théâtre. Elle a même ajouté qu'il n'est pas question qu'elle se repose un mois, une semaine, ni même un seul jour, puisqu'elle part en tournée. Le bon docteur a demandé dans quelle région elle se rendait et la globe-trotteuse un peu boiteuse a listé, sous ses yeux ébahis, la quasi-totalité des points rouges de sa mappemonde. Il ne s'agit pas d'un tour de France, mais d'un tour du monde complet, un circuit épique, une odyssée, une épopée épuisante. Pozzi proteste, au nom du bon sens, de la Faculté de médecine, de l'affection qui les lie. Alors, son rire déferle, sa devise fuse. « Quand même ! », déclare-t-elle au cher médecin. On jurerait que personne ne la croit capable d'un tel exploit.

C'est reparti. L'exploratrice prépare ses malles. Elle va conquérir le Brésil, le Mexique, l'Argentine, Cuba, le Chili, le Pérou, l'Uruguay, les États-Unis, la Grande-Bretagne, l'Irlande, l'Écosse, l'Égypte, la Turquie, la Russie, la Suède, la Norvège et, de nouveau, les deux Amériques, auxquelles elle ajoutera l'Australie et un petit bout d'Europe. Tout ceci relève du défi enfantin, du désespoir et du besoin de se refaire. Elle s'est déjà prouvé à elle-même qu'elle possédait les ressources nécessaires à un tel exil. Alors, elle recommence. Le monde entier devient son terrain de jeu. Championne toutes catégories de la fuite en avant. De quarante-trois à cinquante ans, Sarah arpente le globe, deux ans dans un continent, trois ans dans un autre, et ne se pose à Paris que brièvement : le temps, par exemple, d'assister aux noces de Maurice avec Marie-Thérèse Jablonowska. Artiste et fauchée, la timide mariée n'a pas l'audace de s'interposer entre le fils et la mère. Elle demeure donc la pièce rapportée et la spectatrice passive du lien fusionnel, œdipien, du chaste inceste qui soude le vrai couple de ce foyer, car ils vivront bien souvent tous ensemble, ménage à trois sous le même toit. « Terka » a cependant un atout. C'est une aristocrate polonaise. L'atavisme princier joue en sa faveur, Maurice n'ayant pas oublié qu'il descendait en zigzag du prince de Ligne. La cérémonie, ruineuse, incite Sarah à repartir gagner à l'étranger de quoi faire vivre dignement sa famille. Quatorze mois d'Amérique (bis) feront engraisser la sacoche.

Champagne ! La tribu a les moyens d'emménager dans un splendide hôtel particulier, au 56, boulevard Pereire, que l'oiseau migrateur paye cash. Ce gigantesque espace, elle le meuble à la Sarah, mixant le mobilier Directoire, turc, maure, Art nouveau, abusant des dorures, des arabesques, des volières, des tentures vert Nil. Dans l'entrée ; une tête de buffle scalpée au Texas. Au salon, un palmier géant, une cage pour sa panthère, un perchoir pour son perroquet, des peaux de bête rapportées de Montréal, un opossum et un koala australien. Elle imite la fabuleuse ménagerie que Dumas a installée dans le parc de son château de Monte-Cristo. Sur les murs : des dizaines de portraits en tête ou en pied de la propriétaire, peinte par « Jojotte » ou Abbéma, forment une tapisserie narcissique. Sarah dupliquée à l'infini au beau milieu d'une jungle urbaine. Faune, flore, animalerie ? On ne sait pas. Dans cette canopée d'intérieur, on étouffe. Pas un centimètre carré inoccupé : saturé d'odeurs capiteuses, Pereire est l'oppressant et luxueux reflet de sa notoriété et de son art de la mise en scène.

Du reste, elle n'y fait que de brefs séjours car ses tournées l'accaparent. Fuir la France, cela l'arrange plutôt ces temps-ci. Ce qu'elle y voit l'épouvante. On dirait que vingt ans après la Commune, une fièvre de violence mortifère s'empare à nouveau du pays.

Partout : des grévistes, des attentats anarchistes, des meetings où s'affrontent antisémites et libertaires. En 1892, l'anarchiste Ravachol est guillotiné pour une dizaine de crimes à l'explosif. Drumont, Léon Daudet et les bouchers de La Villette se tiennent prêts à « casser du juif » dès que l'occasion se présente. Trente d'entre eux jetteront des projectiles et du vitriol à la sortie de la synagogue où la nièce du baron Alphonse de Rothschild se marie. C'est dans ce climat nauséabond qu'éclate l'affaire Dreyfus. À *La Libre Parole*, on avait préparé le terrain, en s'inquiétant du nombre croissant d'« israélites » dans l'armée.

Au même moment, Sarah, qui revient d'Amérique, comme toujours, rencontre un curieux individu. Trapu, doté d'une carrure de bûcheron et d'un regard bleu perçant, Octave Mirbeau est incontournable dans le Paris littéraire de cette fin de siècle. Journaliste, romancier, dramaturge, on ne sait pas non plus où le classer sur l'échiquier politique. Il se dit misogyne. Au fond, cela ne dérange pas Sarah, qui l'est aussi. Colérique, passionné ou euphorique, il a des idées qui varient selon ses humeurs. À son propos, Jules Renard a cette formule qui le résume parfaitement : « Mirbeau se lève triste et se couche furieux. » Après avoir écrit dans le journal *Grimaces* des phrases répugnantes d'antijudaïsme, Mirbeau se fend d'excuses publiques, rédige *Les Mauvais Bergers*, une pièce en faveur du socialisme, et se range aux côtés de Zola pour défendre le capitaine accusé de trahison. Il n'en faut pas plus pour intriguer Sarah. Elle l'approche, s'octroie le rôle principal dans son mélodrame social et subit, le soir de la première, une volée d'insultes antisémites. Dreyfus, Bernhardt : les gens ont fait le lien.

La voici donc au cœur de l'affaire. Au matin du 5 janvier 1895, elle s'est vêtue en passe-muraille : tailleur de laine couleur tabac, manchon d'hermine et voilette. Elle qui déteste se lever tôt s'est glissée à 9 heures, discrètement, dans la cour de l'École Militaire. Cette dégradation, elle l'a trouvée dégradante. Des larmes coulèrent sur ses joues quand les hommes en uniforme donnèrent cette sinistre représentation. Alfred Dreyfus s'offrait, vertical, raide, digne et muet, aux regards d'une foule sadique. Lentement, sèchement, un officier arracha successivement les médailles, les épaulettes, les boutons de la veste puis dans un geste absurde et théâtral, brisa sur son genou le sabre du capitaine. Des cris haineux s'élevèrent alors : « À mort, Dreyfus ! », « Au traître ! », « Au lâche ! » Singeant leurs parents, des gamins reprirent ces slogans en écho. C'est à l'île du Diable, un bagne au large de la Guyane, qu'on envoya ensuite l'homme publiquement humilié.

Affligée par ce spectacle, Sarah décide dès le lendemain de se rendre au domicile du maître du roman réaliste, dans le IXe arrondissement, au 21, *bis* rue de Bruxelles. Cet entretien entre Émile Zola et Sarah Bernhardt, le brillant écrivain épris de justice et la célèbre comédienne ambulancière de la dernière guerre, ni l'un ni l'autre n'en ont divulgué le contenu. On peut imaginer quelles furent la ferveur, la pertinence et la générosité de leur échange. D'accord sur l'innocence du condamné au bagne, ils l'étaient tous les deux. La moitié du pays aussi, qui se divisait alors en deux clans : les pour et les contre. On ne parlait que de ça : au bistrot, dans les usines, dans les salons, dans les chambres à coucher. La force de persuasion et le charme de Sarah ne furent pas pour rien dans la décision de passer à l'acte. Le 16 mai 1896, l'auteur de Germinal publie dans *Le Figaro* un article qu'il titre « Pour les juifs ». Il y en aura trois autres en un an dont l'un aura pour chute cette phrase historique : « La vérité est en marche, rien ne l'arrêtera plus ! »

Le doute n'est plus permis : l'affaire Dreyfus devient l'affaire Zola. S'il avait été vivant, Victor Hugo n'aurait pas agi autrement, mais il est mort l'année précédente, hélas. À son jeune disciple, il avait transmis son aversion pour l'injustice et le sectarisme. Tous deux, épigones de Voltaire, ne poursuivaient qu'un but, « écraser l'infâme ». Or, cette histoire est en tout point infâme. D'autres plumes relaient d'ailleurs celle de Zola et s'interrogent : Et si Dreyfus était innocent ? S'il n'avait fourni aucun document à l'Allemagne ? Et si cette trahison avait été inventée, si les prétendues pièces étaient des faux, si tout cela n'était qu'une manœuvre du gouvernement visant à échauffer le nationalisme, au moment où des militants socialistes commencent à se montrer dans l'armée ? D'ailleurs, n'a-t-il pas été jugé que sur une seule pièce, ce fameux bordereau, sur lequel seuls trois experts sur cinq ont cru reconnaître son écriture ? Et ce bordereau, qui peut attester son authenticité ? Dans l'intervalle circule une pétition signée d'une centaine d'intellectuels pour la révision du procès Dreyfus. Les écrivains s'agitent et le plus mondain d'entre eux, le jeune Marcel Proust, réussit à rallier Anatole France à la cause. En dépit de cette révolte littéraire, rien ne bouge du côté du gouvernement. Pour Zola, la coupe est pleine et, le 13 janvier 1898, à la Une de *L'Aurore*, trois cent mille lecteurs découvrent avec stupeur une lettre ouverte au président Félix Faure.

Le titre ? « J'accuse ». C'est un texte explosif à la première personne, d'une rigueur exemplaire, une démonstration implacable de l'innocence de Dreyfus, une anaphore décisive qui s'abat sur les institutions de l'État – l'armée en tête – qui ont laissé faire l'ignominie : « J'accuse, écrit-il, le lieutenant-colonel du Paty de Clam… J'accuse le général Mercier… J'accuse le général Billot… J'accuse le général de Boisdeffre et le général Gonse. » Des accusés nommément cités, il y en a encore cinq, sans oublier les membres des bureaux de la guerre et des deux conseils de guerre qui se sont livrés à des parodies de procès. La mise en accusation s'achève ainsi : « Qu'on ose donc me traduire en cour d'assises et que l'enquête ait lieu au grand jour. J'attends. Veuillez agréer, Monsieur le président, l'assurance de mon profond respect. »

Sarah pleure de joie en lisant Zola. La clarté, l'intelligence incisive, les preuves irréfutables de l'innocence, la lumière enfin ! Immédiatement, elle lui fait porter une lettre : « Laissez-moi vous dire, cher grand maître, écrit-elle, l'émotion indicible que m'a fait éprouver votre cri de justice… Je suis angoissée, je suis hantée et votre belle page d'hier a été pour ma réelle souffrance un réel soulagement… À vous que j'aime depuis si longtemps, je dis merci, merci de toutes les forces de mon intuition douloureuse qui me crie : il y a crime, il y a crime ! »

Le « J'accuse » de Zola a des conséquences directes : les dreyfusards ne savent pas comment s'organiser. En protestant ? En écrivant ? En se regroupant ? Socialistes, syndicalistes et anarchistes hésitent sur l'attitude à adopter. Pas les antidreyfusards, qui contre-attaquent violemment, avec Drumont comme chef de meute : ils brûlent des affiches de Dreyfus et de Zola, sèment la terreur, profanent des tombes juives, sans heureusement faire de morts. Un peu plus tard, le 7 février 1898, l'inévitable a lieu : aux assises de la Seine, le grand écrivain est assigné pour diffamation. Passionné, le petit Marcel, vingt-sept ans, assiste à toutes les séances. En reporter exalté, il note la quasi-intégralité des débats. Cette enquête dure presque un mois et donne lieu à une ébauche de roman qu'il n'achèvera jamais. Jean Santeuil, le héros, le double de Proust, y prend fermement parti pour Dreyfus et pour Zola.

Le 24 février 1898, l'auteur de « J'accuse » écope de douze mois de prison. Imitant Hugo, il se réfugie à Londres en attendant que les émeutes se calment. Un an passe et à Rennes, le capitaine Dreyfus est de nouveau condamné, non pas au bagne mais à une peine de dix ans de rétention. Une semaine plus tard, la grâce présidentielle tombe : elle a le goût amer d'une tardive concession. On lui a fait une fleur, une fleur carnivore, une fleur empoisonnée. Il faudra attendre 1906 pour que le militaire français soit réhabilité et lavé de toute culpabilité.

Le siècle s'achève et Sarah n'a plus de goût à rien. Elle s'est engagée pour Dreyfus, s'est même disputée avec Maurice, antidreyfusard acharné, qui est parti flamber l'argent de sa mère à Monte-Carlo : c'était son premier désaccord sérieux avec elle. Elle sent ses forces décliner et n'a plus envie de jouer. C'est bien la première fois que cela lui arrive. Somatiserait-elle ? Des douleurs abdominales l'obligent sans cesse à s'aliter. Le Docteur Pozzi l'a examinée et opérée en urgence. L'homme de science n'a pas tort. Elle ne sait pas prendre soin d'elle. Radical, il a procédé à une ablation des ovaires.

Verrouillée dans sa chambre, convalescente et dépressive, la tornade a cinquante-quatre ans, aucun homme dans sa vie et une furieuse envie de prendre la tangente. Mais cette fois, elle ne s'expatriera pas. Elle a la nostalgie de sa petite enfance bretonne. Un besoin pressant d'espace, de ciel, d'océan, d'iode, de falaises abruptes et de végétation sauvage. Elle a acquis pour une bouchée de pain un fort abandonné à Belle-Île-en-Mer. Elle est tombée amoureuse de ce paysage impressionniste où personne ne viendra la déranger. Ici, tout l'enchante : les marguerites, les asphodèles, les orchidées et les milliers de genêts qui exhalent un arôme de lait de coco. Elle ne se lasse jamais du bleu indigo des iris, du vert irisé des fougères, de l'eau couleur émeraude, des falaises anthracite fouettées par l'écume dentelée des vagues, des barques de pêcheurs et des aiguilles de Port Coton qui fascinaient Matisse et Monet. Elle s'éloigne de Paris. Cap sur Belle-Île, sa terre promise, son nouvel horizon, son coin de Paradis.

LES PLAISIRS ET LES JOURS

Dans le tiroir du secrétaire, Julia déniche une coupure de presse jaunie. L'article du *Gaulois* date de 1894. Son titre ? « Une fête à Versailles ». L'auteur signe d'un évasif « Tout-Paris ». Ce mystérieux monsieur « Tout-Paris » est le pseudonyme de Marcel Proust, que Meyer fait alors débuter comme pigiste dans la chronique mondaine. En cent lignes condensées, les futurs personnages de la *Recherche* défilent et s'éparpillent dans le parc de la somptueuse résidence versaillaise de Robert de Montesquiou, qui reçoit le gratin avec faste. Proust, vingt-trois ans, est en lévitation. Son snobisme est comblé : les as de la politique, de l'aristocratie, des lettres et des arts sont à portée de main et sa plume vadrouille, se faufile, flagorne, flattant les particules et sublimant les toilettes. Du côté de chez Robert, il y a une serre japonaise, des muguets, des roses, du lilas, un orchestre, un banquet délicat, du champagne et la crème de la crème du faubourg Saint-Germain. « Nouvel enchantement ! écrit le chroniqueur exalté. Sarah Bernhardt vêtue d'une robe de soie argentée garnie d'une magnifique guipure de Venise et Mlle Bartet ayant une jupe de dentelle blanche et un corsage de mousseline de soie bleuet disent l'*Ode à Versailles* d'André Chénier. Après un court entracte, les deux divines reviennent pour réciter du Heredia et du Leconte de Lisle. » Enfin, conclut l'équanime journaliste en extase : « Rien n'égale le triomphe de Mlle Bartet… si ce n'est celui de Mme Sarah Bernhardt qui nous dit elle aussi des vers de M. de Montesquiou, le maître de la maison. »

Julia éclate de rire à la lecture de ce madrigal. Expert en points de suspension suggestifs, arbitre impartial du nombre d'applaudissements recueillis par Madame et Mademoiselle, le très diplomate jeune Marcel avait eu le bon goût de ne fâcher ni la Bernhardt ni la Bartet, s'épargnant du même coup les foudres des deux rivales. Au fond, elles s'aimaient bien, en ce temps-là. Elles ne cessaient de se découvrir des points communs. L'une et l'autre avaient été détestées de leurs mères respectives, qui les jugeaient laides et sottes. Elles élevaient seules leurs fils nés de pères inconnus. Le chagrin suffit parfois à nouer des liens. Elles s'appréciaient tant que Sarah décida d'offrir aux abonnés du Français une mise en scène de *La Nuit d'octobre,* en 1887. Ce poème dialogué de Musset, elles l'interpréteraient en duo, Bernhardt, toujours partante pour se travestir, incarnerait l'auteur, et Bartet, sa muse. Elles répétèrent, travaillèrent, en tempérant la noirceur du texte par des notes d'humour, en ciselant l'espoir. Elles s'amusèrent, elles sanglotèrent au rythme des strophes. Julia se montra docile, Sarah directive et comique. La vedette, c'était elle. Elle qui s'accordait tous les lauriers, qui s'autoproclamait « petite idole ». Elle l'auteur, elle le poète, elle l'homme, elle le chef. Le succès fut tel qu'elles récidivèrent, toujours rue de Richelieu. Avec *La Nuit de mai*, cette fois. De ce poignant lamento, de cette élégie romantique, tous les élèves de France connaissent par cœur le premier vers : « Poète, prends ton luth et me donne un baiser ». Cette nuit printanière appartient donc au patrimoine de la littérature. Elles en firent une apothéose. Julia est d'ailleurs sûre qu'il reste un souvenir concret de cette représentation. Mais où l'a-t-elle rangé ? Dans le tiroir qui contient l'article de Proust, précisément.

C'est une carte postale d'époque en noir et blanc, destinée à la vente, une photographie dentelée, les saisissant en pleine action. La muse, en robe de nymphe de tulle blanc, sa chevelure auburn tombant sur ses épaules, le front auréolé d'une ceinture d'aubépine, enlace le poète, page aux cheveux courts d'un noir corbeau, vêtu d'un pourpoint de velours, avant de lui donner un baiser. Une atmosphère poético-érotique un peu trouble, un sulfureux duo, une confusion des sexes qui confine au saphisme : voilà l'étrange impression qui se dégage de cet ex-voto. Au dos de la carte, à la plume, elles ont signé toutes les deux, et, d'une écriture d'écolière, Sarah a ajouté de sa main cet alexandrin de Musset : « Rien ne nous rend si grand qu'une grande douleur. » Si Musset dit vrai, si la grandeur se jauge à l'aune du désespoir, alors

Sarah devait sous-entendre que Julia la surpassait. Car à l'époque de la seconde nuit, celle de 1909, Bartet avait perdu son fils adoré depuis treize ans déjà. Henri-Maurice, promu à une belle carrière d'officier de marine, fut fauché par la mort à Toulon, à l'âge de vingt-trois ans. Il était de santé fragile, la tuberculose l'a foudroyé en 1896. La dédicace de Sarah fait allusion à cette tragédie dont Julia ne se remettra jamais. Sa pudeur, sa distance, l'absence d'hommes dans son existence, sa haine des flatteries et de la presse : tout cela vient de ce fils dont elle ne voulait pas parler de son vivant et encore moins une fois mort.

Aujourd'hui, la douleur est moins vive. Elle sait qu'elle pourrait évoquer le jeune militaire défunt avec Louis. Louis qui l'attendrit et l'amuse. Louis qui lui fait du bien. Il doit d'ailleurs arriver dans vingt minutes. Elle a juste le temps d'enfiler une robe de satin parme que Madeleine Vionnet vient de lui faire porter. Ses escarpins de chez Hellstern, un sautoir de perles blanches et elle est prête. Le voici qui sonne :

— Chère amie, vous êtes resplendissante. Un vrai Watteau des années 20 !

Le bouquet d'ancolies qu'il lui tend la comble de joie. Ces « petits conciliabules de colombes », comme elle les nomme, sont ses fleurs préférées. Louis le sait. Il amasse les informations. Il a lu dans *Le Temps* que la devise latine qu'elle s'est choisie « *Occulta redolens* » signifie « Doux secrets ». À l'opposé du « Quand même ! » de Sarah. Tandis que Léontine, sa femme de chambre, dispose les fleurs dans un vase de cristal, Julia entraîne Louis dans le boudoir vert et or. La douce, la secrète veut lui raconter les prochains chapitres de son livre. Elle lui fait décidément confiance. Dans son sillon, des effluves de Chrysanthème de Tokyo, un mélange de tubéreuse et de musc. Julia et Louis se posent sur une méridienne de velours paille. Elle prend sa main.

— Saviez-vous que je n'ai pas pu me rendre aux obsèques de Marcel Proust ? J'étais en cure, à Biarritz. *Le Figaro* a relaté l'événement : des funérailles impressionnantes à l'église Saint-Pierre-de-Chaillot. Léon Blum, Henri Bergson et Jean Cocteau s'y côtoyaient parmi une centaine de grands de ce monde.

— Non, je l'ignorais. Pourquoi me parlez-vous de lui ? Il connaissait Sarah ?

— Bien sûr… Qui ne connaissait pas Sarah, dans le milieu littéraire ? Reynaldo Hahn, un jeune musicien vénézuélien, était leur ami commun, leur trait d'union. Sans oublier Montesquiou, dont la férocité légendaire est entrée dans la *Recherche*, sous les traits du baron de Charlus. Mais voyez-vous, Sarah a survécu à cet éternel jeune homme. Il est mort l'an dernier, à cinquante et un ans, un an avant elle, épuisé par une œuvre qui le tenait en vie et à laquelle il a mis un terme avant de s'éteindre.

Si Louis avoue n'avoir jamais apprécié la prose sophistiquée de Proust, Julia, elle, a lu avec délices tous les tomes publiés de la *Recherche*. Elle y est même nommément citée, honneur suprême, dès le premier volume.

— Et que dit-il de vous, le petit Marcel ?

— Cela va vous étonner et peut-être vous faire rire. Il faut que vous sachiez que le personnage du narrateur est un passionné de théâtre et un fou de Racine. Voici ce qu'il écrit sur les actrices au début du roman : « Je classais les plus illustres par ordre de talent : Sarah Bernhardt, la Berma, Bartet. »

— Stupéfiant, en effet. Il ne retient que trois noms parmi lesquels vous et Sarah figurez. Mais qui est cette Berma ?

— La Berma n'existe pas. C'est une création fantasmatique de l'auteur. Elle l'obsède et reparaît fréquemment dans ses pages. Son physique et ses caprices de diva sont ceux de Sarah, sa voix, grave et chaude évoque la mienne, son répertoire puise parfois dans celui de Réjane ou de Jeanne Samary. La Berma est un méli-mélo rococo, une quintessence d'actrice Second Empire. La Berma est à Proust ce que Nana est à Zola : la matérialisation vivante et sensuelle d'un archétype.

— En inventant ce drôle de patronyme, qui est la contraction des sonorités contenues dans la Norma, et dans Bernhardt, Proust savait que la Berma ferait immédiatement songer à Sarah. Or, il vous assigne, à vous, Julia, une place d'honneur dans son classement des talents. Sur son podium, vous arrivez en seconde position – puisque la Berma ne compte pas –, ma chère ; et, mieux encore, alors qu'il donne l'état civil complet de Sarah, pour vous, privilège inouï, il écrit simplement un nom, le vôtre. Vous devenez sous sa plume celle qui n'a pas besoin d'un prénom pour être immédiatement identifiée, une actrice majuscule, une femme unique, une célébrité absolue. Vous êtes Bartet tout court, comme Clemenceau est Clemenceau. Qu'en pensez-vous ?

— Je pense qu'il y a du vrai. Et si j'ai en horreur la flatterie, je dois dire que cette petite phrase m'a fait un plaisir fou. C'est une reconnaissance, une sacrée distinction, en effet. Je ne crois pas qu'on m'ait jamais mise sur un pied d'égalité avec Sarah. Proust s'y risque. Je l'ai souvent croisé, chez Montesquiou, chez la comtesse Greffulhe, et chez la peintre Madeleine Lemaire qui tenait salon chaque mardi. Il ne me faisait pas bonne impression. Il avait tout du parasite mondain. Mais quand j'ai lu *Du côté de chez Swann*, j'ai pu constater à quel point les apparences sont trompeuses. Sous l'habillage du dandy obséquieux, ce jeune homme dissimulait une sensibilité et une profondeur hors du commun. Le plus étonnant, c'est que la classification des talents, Sarah s'y est livrée elle aussi dans ses Mémoires. Et son palmarès n'est pas très éloigné de celui de Marcel. En établissant une distinction entre l'artiste et la comédienne, voici ce qu'elle écrit : « Bartet est une parfaite comédienne ayant un sens artistique très délicat. Réjane, la plus comédienne des comédiennes, est artiste quand elle le veut. La Duse est une grande, très grande comédienne, mais ce n'est pas une grande artiste. »

— Sacrée Sarah ! Quel ton péremptoire et définitif ! Mais vous voici encore en tête ! Et une nouvelle fois privée de prénom, distinction suprême. Selon deux des plus grands esprits du temps, vous représentez l'excellence du théâtre français, chérie. Telle que je vous connais, cela ne vous tourne pas la tête.

— Pas le moins du monde, cela m'amuse, c'est tout. Venez, je vais vous montrer mon petit Trianon.

L'appartement dans sa totalité, Louis le découvre pour la première fois. Vaste, cossu, il met en vedette le XVIIIe siècle, dont les fauteuils, les tables et les guéridons néo-rococo reflètent le style. Aux murs, des toiles de Cazin, Billotte ou Lemaire. Sur les rayons de la bibliothèque, une farandole de bibelots rares, chinés chez Demotte – éventails de nacre et de plumes, boîtes à mouches, porcelaine de Saxe et biscuits de Sèvres. Et puis, au milieu du salon, trône, sur un chevalet, le fameux portrait de Jacques-Émile Blanche. Le peintre a su capter les yeux bridés de Bartet, sa carnation marmoréenne, l'acuité de son expression, son allure racée. Le chignon Empire est surmonté d'une aigrette, elle porte une cape d'hermine blanche qui met en valeur sa robe plissée en maille de soie moirée. D'une main gantée de velours gris jusqu'à l'épaule, elle effleure son menton. Tête de fauvette, regard d'aiglon : Louis est fasciné par cette toile. Il la préfère à la photographie du studio Reutlinger où Julia surgit, alerte et malicieuse, en uniforme de hussard ou au sage portrait de Pascal Dagnan-Bouveret. Lui, c'est la vraie Julia qu'il possède, non son reflet sublimé. Il l'entraîne dans la chambre et, sur le lit à baldaquin, déshabille sa divine pour la seconde fois. Après l'amour : Sarah, encore et toujours, tel un djinn obsédant, qui s'invite à chacun de leur rendez-vous, ne leur laissant pas un instant de répit. Julia se glisse dans un peignoir de soie et revient s'asseoir sur le lit, armée d'une dizaine de feuillets déjà noircis :

— Lisez, ma douce, lisez-moi votre texte. Offrez-moi une représentation privée de Julia Bartet.

Julia s'exécute.

1900 moins un an : pareil aux piles électriques de son ami Edison, le charme de la diva s'use, comme le siècle qui s'achève. Pour alimenter ses batteries, Sarah frappe un grand coup et signe, le 1er janvier 1899, le bail du théâtre des Nations, situé sur la place du Châtelet. Il peut recevoir 1 700 spectateurs et va bientôt porter son nom. Est-ce un théâtre ou un temple à sa gloire ? Sur la façade, une marquise piquée d'une centaine d'ampoules projette les lettres enluminées du nom de la propriétaire. Placé sous le signe du gigantisme et de l'ostentation, le lieu dispose d'un plateau de quatorze mètres de profondeur. À cinquante-cinq ans, c'est appréciable. Mis à distance respectueuse, les spectateurs ne pourront plus discerner les nouvelles rides, les traits qui se creusent. Du temps, l'irréparable outrage est escamoté. On engage une foule de figurants, on ne regarde plus à la dépense et, en coulisse, un jeune Tchèque au physique avantageux s'affaire.

Il s'appelle Alphonse Mucha. Quand il a débarqué à l'improviste pour lui montrer ses maquettes d'affiche, Sarah a eu un choc esthétique pour son coup de crayon. Elle lui rédige un contrat, se l'annexe, le fidélise afin qu'il ne vende pas son talent à la Bartet ou à Jeanne Samary. Quand elle aime, elle kidnappe. Ce sera une exclusivité de cinq ans avec elle et seulement elle, a-t-elle déclaré à l'inconnu qui la dessine telle qu'elle se voit : en liane, en femme reptile, en déesse Shiva déroulant ses charmes, en princesse des gestes, comme dit l'ami Edmond Rostand. Frises, arabesques, fleurs tropicales, spirales : sa chevelure rougeoie comme un soleil couchant, ornée de boucles d'un jaune or Klimt. Sinueuse, fatale, Sarah, vêtue en Gismonda, en Théodora, en Tosca, est caramélisée dans un dégradé de couleurs automnales, camaïeu vert d'eau, bleu canard, mauve violent et rose thé. L'illustrateur s'occupe aussi des costumes, des accessoires, des bijoux. Bientôt, la publicité s'empare de ses croquis tarabiscotés, et Sarah « alphonsisée » fait vendre des pâtes, des rouges à lèvres, du cirage ou des confitures. Le génial Mucha fait coup double : en réinventant la Bernhardt, il promeut l'Art nouveau. Dans la rue, devant les colonnes Morris, les gosses se marrent : « Mais ce sont des fils, des fils de nouilles. »

Le « style nouille » entre dans le vocabulaire des poulbots. Et la chance revient. Martingale gagnante du tandem : la *Tosca* fait salle comble deux mois durant. Son théâtre, rien qu'à elle : enfin, quand même ! Elle s'y comporte en petit tyran. Elle programme ce qu'elle veut, engage qui lui plaît. Après *Lorenzaccio*, *Hamlet*. Encore une histoire de travesti. Cape, épée, collants, bottes et tutti quanti. On va jaser. Eh bien, qu'on jase. À la question, pourquoi ? Une réponse spirituelle est donnée : « Je ne préfère pas les rôles d'hommes, dit-elle, je préfère les cerveaux d'hommes », offrant en prime un jeu de mots macabre puisque le prince de Danemark ne se sépare jamais d'un crâne, vanité portative, à qui il confie inlassablement ses tourments. Sous son règne, les acteurs souffrent, sont sous-payés, répètent des nuits entières, se font insulter mais ils existent. Ils vibrent au centre de l'univers Bernhardt. L'idole, la sultane, la fantastique Sarah, qui tel un Phoenix renaît de ses ruines, de ses amours déçues et de ses cendres, est adulée. Faire partie de sa troupe, permet d'évoluer dans un monde enchanté.

Chamboulant toutes les règles établies, elle rénove de fond en comble les cinq étages de son monument et donne à son personnel une série de diktats : aux dames, on interdit le port du chapeau afin de ne pas gêner les voisins assis derrière elles ; pas de claque, mais un silence proche du recueillement quand elle entrera en scène ; fenêtres ouvertes tant qu'elle n'est pas sur le plateau puis verrouillées jusqu'à la fin du spectacle afin que la température de la salle soit telle qu'elle l'exige ; et, ultime caprice, un pot d'eau chaude dissimulé près d'elle pour faire tomber la poussière du plateau. Pour l'architecture intérieure, c'est la même révolution : elle envoie valser le traditionnel velours rouge grenat et habille les fauteuils en jaune canari. Quant aux murs du foyer, ils sont tapissés de fresques narcissico-réalistes la représentant dans tous ses rôles. Partout : une Sarah géante, vorace, dévorant l'espace et le temps. Elle, encore elle, toujours elle, hyperbolisée, démultipliée, embellie par le pinceau amoureux de ses amis Clairin, Mucha ou Louise Abbéma. Ce culte de la personnalité fait partie intégrante de sa soif de puissance. Même Rachel, à qui on l'a toujours comparée et dont elle possède un portrait dans sa chambre à coucher, ne disposait pas d'un tel royaume. La loge de l'impératrice n'est pas une loge mais une suite en duplex composée de cinq vastes pièces : antichambre, grand salon empire, cabinet d'essayage avec coiffeuse, immense glace à trois faces, dressing contenant cinquante costumes et salle de bain d'hétaïre. Par un escalier en spirale, on accède à la salle à manger, où douze convives sont chaque jour régalés par ses cuisiniers qui s'activent à l'office. Un tel luxe coûte cher. Prudence, donc. On ne programme que des succès rodés : la *Tosca* et sa chère *Dame aux camélias* à tour de bras.

Côté cœur, un désert s'installe. Depuis la mort de Damala, la grande horizontale se préserve. Libido en berne, elle réserve son énergie cinétique à sa carrière et à sa famille. L'année où Damala disparut coïncida avec la naissance de sa première petite-fille, Lysiane. L'heureux événement atténua la douleur du deuil, précédant de deux ans l'arrivée de Simone, seconde enfant de Maurice et Terka. Sarah, jeune grand-mère ? C'est un statut sympathique qui l'enchante, lui attire les faveurs du public et fait taire les mauvaises langues qui se sont déchaînées quand, interprétant Jeanne d'Arc à la cinquantaine tassée, elle répondait à l'évêque qui interrogeait la Pucelle sur son âge : « J'ai dix-neuf ans » !

Oui, l'âge est un problème pour les actrices. Julia Bartet n'accepte plus de rôles de jeunes premières et part souvent en cure à Bayonne ou à Arcachon – bains de boue et eau thermale – afin de reprendre des forces et de gagner en souplesse. Cléo de Mérode s'assouplit à la barre. La Duse pratique quotidiennement la gymnastique rythmique et Jeanne Samary séduit Renoir afin qu'il immortalise ses boucles d'or, son canotier, ses yeux de poupée et sa taille de guêpe dans une dizaine de toiles qui feront le tour du monde : *Le Bal du moulin de la Galette*, *La Balançoire* ou *La Rêverie*. À chacune sa méthode pour durer : cosmétique, hygiéniste ou impressionniste. Sarah, astucieuse, innove par un tour de passe-passe. Princesse antique, c'est exclu. Même avec une triple couche de fond de teint, elle n'est plus crédible en Bérénice ou en Phèdre. Non, elle n'a plus accès à l'emploi de jeune première. En revanche, rien ne lui interdit de s'emparer des jeunes premiers. Depuis l'orchestre, grâce aux progrès techniques générant de subtils éclairages doux et tamisés, qui pourra décréter qu'elle n'a pas l'air d'un officier, d'un prince ou d'un despote de trente ans ? Personne. En uniforme militaire qui gomme l'embonpoint, le visage dissimulé par une perruque de garçon, une frange postiche et un couvre-chef : elle fait coup double, elle gagne une nouvelle jeunesse et s'épargne un long et douloureux défrisage. Car sa crinière, comme son caractère, demeure indomptable. Plus besoin non plus d'interminables séances de torture avec sa maquilleuse qui s'avoue incapable d'ôter trente ans à Madame en moins de deux heures. Jusqu'à quatre-vingt-dix ans passés (Sarah n'envisage pas de prendre sa retraite avant), elle jouera les trentenaires et on n'y verra que du feu. N'est-ce pas génial ? Absolument, intégralement, objectivement génial. Les amis consultés ne la contrarient pas. Cette duperie leur semble le prolongement logique de son métabolisme et de son sens de la provocation. Pour une femme qui a tant aimé les hommes, l'idée semble même couler de source. Tant pis, si les autres n'y ont pas pensé avant. Les Mlle Mars, les Mme Agar engoncées dans leur conformisme Comédie-Française auraient détesté ça.

Au fil des ans, Sarah s'est déguisée en page florentin, en Chérubin, en Lorenzaccio, en Hamlet et, chaque fois, elle a emporté le morceau. À qui revient la primeur de ce saut dans le vide ? À elle et à elle seule. Partout et jusqu'à la Renaissance, les femmes n'ayant pas le droit de jouer, on distribuait leurs personnages à des hommes. Sarah a tout simplement inversé la tendance. Libre, indépendante, scandaleuse et masculine quand ça lui chante, cette Madame Sans-Gêne brave tous les tabous et ce, depuis l'adolescence. La voici grand-mère, plus ronde qu'à ses débuts, et un peu ridée ? Qu'importe, elle trace sa route. Elle incarnera les grands rôles du répertoire masculin, n'en déplaise à ses détracteurs. Malgré le qu'en-dira-t-on dont elle se fiche, malgré les quolibets et les scandales en cascade, en dépit des rumeurs qui circulent sur ses penchants saphiques (et d'ailleurs, elle s'en moque, ses coups de cœur pour Louise Abbéma, pour la petite comtesse de Najac, pour la

Duse et pour Suzanne Seylor, cette jeune fille un peu godiche qui l'adule et qui vient d'entrer à son service, elle ne les cache même pas), elle sera LA grande personnalité virile du théâtre mondial. L'androgyne, l'hermaphrodite, le sphinx, la femme-homme mythologique, bicéphale, élastique et bisexuelle, c'est elle et seulement elle. Qu'on se le dise !

Edmond Rostand à qui elle fait part de sa décision est d'accord, tout à fait partant. Retranché dans sa villa de Montmorency, le célèbre auteur de *Cyrano de Bergerac* est en train de tricoter un uniforme sur mesure à sa muse amusante. Car il lui faut du neuf, de l'inédit, de l'épatant. Le cousu main, Rostand sait faire. Il connaît sa passion pour l'Empereur. C'est donc à la déchirante biographie du roi de Rome, fils de Napoléon mort en exil à l'âge de vingt et un ans, qu'il s'attelle. À la lecture du texte de son cher Edmond, la femme-homme bat des mains, embrasse son auteur. Ils tiennent quelque chose de sensationnel. Au bout de huit jours, ses répliques et ses monologues, elle les a en bouche et en tête. Hypermnésique, elle s'impatiente de la lenteur des autres. Et puis, elle trouve que Lucien Guitry, son irrésistible complice qui jouera Flambeau, lambine. Aux répétitions, elle le secoue : « Soyez gentil, Lucien. Tuez-vous avec du vrai sang. Tout le monde me dit qu'on ne voit pas que vous mourez ! »

C'est dans son vieux costume de Lorenzo de Médicis qu'elle répète afin d'intérioriser la masculinité du personnage. Mais il lui faut quelque chose de grandiose pour son nouvel enfant. Le fils de son idole doit susciter l'éblouissement au premier regard. Le couturier Doucet dit qu'il a chez lui un débutant doué. Il raffole du théâtre et, coup de chance, c'est un escrimeur de premier ordre. L'Aiglon devrait l'inspirer. Paul Poiret fait donc ses premières armes chez Sarah. Il lui cisèle un habit d'escrimeur avec justaucorps, jabot et culottes moulantes d'un blanc hypnotique. Ceinture de cuir à la taille, cuissardes, épée, cravache et bicorne : lorsqu'elle entre en scène à la fin du premier acte, les spectateurs l'ovationnent. Ses boucles blondes, semblables à celles du fils maudit, tourbillonnent quand elle croise le fer et voilent son visage au moment – sublime – de l'agonie. Elle a gagné, encore une fois. La première, le 15 mars 1901, un mois avant l'inauguration de l'Exposition universelle, est un événement historique, un tumulte, un vacarme, un délire, un nouvel *Hernani*. Elle a trente ans de plus que le héros ? Et alors ? L'adolescence éternelle est en scène, prodige, miracle sarrasin !

Sarah avait raison. Personne n'a tiqué. La voix d'or, les sanglots cristallins, la prestance, la chorégraphie militaire : le public a tout approuvé en bloc. Dans la foulée, on commercialise des bouts d'Aiglon : boutons, épaulettes, médailles et cartes postales à l'effigie de Sarah. Épatés, les enfants se déguisent en roi de Rome et croisent le fer dans les cours d'école. Sarah jubile. L'Aiglon, elle le joue cent trente-sept fois d'affilée et l'emporte dans ses malles, car elle repart pour l'Amérique. Un amaigrissement spectaculaire de la sacoche l'oblige à reprendre la mer. Mais elle adresse à Edmond des billets enamourés.

Grâce à lui, sa cote remonte et elle possède désormais une seconde carte chance. Lasse de la bronchitique Marguerite Gautier, qui est son seul ange gardien quand ses finances dégringolent, elle a trouvé un autre jackpot qui déchaîne les foules et remplit les caisses. L'Aiglon la change de la Dame aux camélias, il renouvelle son stock. Elle est heureuse, apaisée, presque sereine quoique toujours aussi remuante. Vingt projets sur le feu.

Le moyen de dételer ? Elle doit des gages à ses dix domestiques, sa famille s'agrandit et ce n'est pas Maurice qui va faire bouillir la marmite. Avec ses textes à apprendre, ses tournées en Europe et en Amérique, son genou qui lui fait souffrir le martyre, elle n'a plus de temps pour les frivolités. Et pourtant, la séductrice qui sommeille en elle aurait bien envie d'un coup de foudre. Quand elle descend de sa victoria, le visage dissimulé par une large capeline de feutre mat, le corps entortillé dans un manteau de chinchilla bordé de renard blanc, laissant deviner une robe ornée d'une cravate papillon sous un boléro bordé d'un petit laurier vert, les regards masculins la fixent. Sous l'amoncellement de taffetas surgissent une cheville fine et un pied menu chaussé d'un salomé de chevreau rose vif. Elle les émeut toujours autant. Aujourd'hui comme hier, cette panthère fait et défait les modes tout en personnifiant le nouveau siècle. Le monde est à ses pieds. La preuve ? Le parfumeur Aimé Guerlain vient de créer pour elle un flacon Baccarat en forme de petit dôme. Son titre, « Voilà pourquoi j'aimais Rosine », est une déclaration d'amour puisque Rosine est le second prénom de Sarah. Elle en dépose deux gouttes au creux du poignet et derrière l'oreille. Des fragrances de rose, de vanille, d'iris et de fève tonka l'enveloppent, éveillant en elle une onde sensuelle, une spirale de volupté. Rosine que tout le monde aime et qui n'aime personne. Il faudrait changer d'altitude, lâcher prise, se laisser surprendre. Et si l'Aiglon prenait son envol ? Ceux qui la désirent la suivront et elle leur donnera peut-être un ordre, une caresse ou un baiser.

MADAME « QUAND MÊME »

Ces œillets rouge cerise dont les tiges, semblables à des pointes de danseuses, émergent d'un vase en agate, plairont-ils à Louis ? Ils lui sont destinés. Installée à son chevalet, Julia s'adonne à la rêverie, pinceau à la main. « Chaque matin, de 9 heures à midi, travaillez huiles et pastels », lui a conseillé son ami Gustave Moreau, qui l'encourageait dans sa nouvelle passion. Elle lui obéit. Depuis sa retraite du Français, il y a trois ans, cet exercice l'apaise. Solitaire, silencieuse, méditative, posée, manuelle : la pratique ne requiert aucune des qualités exigées par l'art dramatique, hormis peut-être le sens de l'observation. Une cinquantaine de bouquets s'empilent dans le petit atelier qu'elle a aménagé rue du Général-Foy. Contrairement à Sarah qui était sûre de son génie dans tous les arts, elle n'exposera ni ne vendra ses natures mortes. Mais elle a pris goût à l'aquarelle. S'est-elle lassée de la scène ?

Quarante-sept ans durant, Julia a enchaîné les pièces sans répit. Ce pilier de la Comédie-Française a accompli un grand chelem. Iphigénie, Andromaque,

Bérénice, Alcmène, Armande, Lady Macbeth : elle a incarné toutes les héroïnes du répertoire. Son palmarès égale celui de Sarah, son courage physique, sa capacité de travail et son talent aussi. Mais à la différence de son amie fantasque qui, en proie à une bougeotte chronique, s'envolait en permanence pour d'autres cieux, Julia, plus sérieuse et posée, opta pour un voyage intérieur. Le huis clos de la rue de Richelieu lui permettait de s'évader sans s'expatrier. Décors et costumes la transportaient à Byzance, à Chypre, Rome, Thèbes ou Madrid à intervalles réguliers. L'une était volage, l'autre fidèle à une maison dont elle obéissait aux règles et qu'elle vénérait.

Louis est un amant gratifiant. Il l'encourage à persévérer dans l'écriture. Ce qu'elle lui a lu hier l'a enthousiasmé. Sur la relation conflictuelle qui la liait à Sarah, il ignore cependant quelques détails. Serait-il choqué d'apprendre que la Bernhardt piqua une terrible crise de nerfs en apprenant que Julia avait été élevée au grade de chevalier de la Légion d'honneur ? Elle fut la première actrice française à recevoir cette distinction, en 1905. La IIIe République, conservatrice et machiste, redoutait de choquer ses électeurs en innovant. Le président Émile Loubet hésita un moment à l'idée de féminiser le ruban, puis céda. Un article de *La Nouvelle Revue* paru dans la foulée résumait bien l'événement : « Julia Bartet n'aura pas eu le ruban rouge, écrit le journaliste, parce qu'elle a gagné beaucoup d'argent ni parce qu'elle a abusé de la réclame de tous les instants. Non, la divine Bartet s'est contentée d'être décemment humaine… sans occuper la chronique de ses excentricités, sans initier le public aux banalités, aux joies ou aux tristesses de sa vie privée. »

Sans jamais la nommer, le chroniqueur ne pointe par contraste que l'autre diva, l'imprévisible, l'agitée, l'excentrique. Autrement dit, si on honore Julia, c'est parce qu'elle n'est pas Sarah. Elle, au moins, sait se montrer digne, modeste, respectueuse des codes, et n'agit pas en ambitieuse assoiffée de publicité, abonnée aux potins. L'opposition Julia-Sarah devenait décidément incontournable. Elles formaient les deux revers d'une même médaille, la nuit et le jour, la bonne et la mauvaise élève, le vice et la vertu. Le directeur de la Comédie-Française organisa une petite fête et offrit à la « légionnaire » exemplaire une croix de diamants ornée d'un anneau en émeraude glissé sur un cordon garni de rubis. Il y eut ensuite le discours de Mounet-Sully, doyen admiré et ex-amant terrible de Sarah. Mounet, amoureux éjecté, prit la parole en enfonçant le clou : « Ma chère très grande camarade, déclara-t-il à Julia, vous ne vous êtes jamais laissé griser par la louange, vous n'avez jamais été sensible aux basses flatteries des mondains discrets. » Depuis Londres où elle se trouvait, Sarah dut sentir ses oreilles siffler. Par antiphrase, sans prononcer son nom, on ne parla que d'elle en célébrant sa rivale. Si les journaux avaient titré « Sarah Bernhardt n'a pas décroché la Légion d'honneur », se disait-elle, les choses auraient été plus claires. On voulait la viser, on souhaitait l'atteindre ? Elle riposterait par la colère et l'entrisme, en activant ses réseaux. Presque à contrecœur, le gouvernement Millerand finit par la décorer elle aussi, mais bien tard, en 1921, alors qu'on avait amputé sa jambe droite et que la mort, en embuscade, la faucherait deux ans plus tard.

La seconde bouffée de jalousie eut lieu en 1910, quand Sarah découvrit que Julia faisait partie du jury du Conservatoire. Aux débutants, la sociétaire offrait de judicieux conseils : « Aucun cours de maintien, martelait-elle, ne vous apprendra ce que vous révèle une statue antique. Allez donc regarder marcher les jeunes filles du Parthénon sur la frise des Ergastines au musée du Louvre. Si vous avez à jouer un rôle du XVIIe ou du XVIIIe siècle, du Molière, du Marivaux, étudiez Rigaud, Largillière et Nattier. Ils vous enseigneront tout ce que l'on doit savoir sur la grâce et l'élégance. » Sarah, elle, ne tenait pas spécialement à transmettre son expérience. Imprégnée d'elle-même, égotiste au dernier degré, elle n'avait pas l'âme d'une pédagogue. Sa colère redoubla quand on lui a appris que Julia siégeait au comité de lecture de la Comédie-Française. Les auteurs la sollicitaient, conscients de son pouvoir sur leur carrière. Elle était reconnue par l'Institution. On la jugeait talentueuse, instruite et discrète, cela plaisait en haut lieu. Abonnée aux soirées musicales de Gabriel Fauré et de Camille Saint-Saëns, amie de Léon Blum et de Paul Bourget, Bartet gagnait en influence et en notoriété. À bas bruit, sa rivale, sa cadette, sa muse des nuits de Musset se hissait à de subtils sommets que la tapageuse vedette n'atteindrait jamais. L'orgueil était touché, elle enrageait et ne pardonnait pas qu'on lui fît de l'ombre même dans un domaine qu'elle ne convoitait pas.

Aujourd'hui, les élégantes des Années folles se sont donné rendez-vous rue Richepance, non loin de la Madeleine. Julia et Louis aussi. Bâtir, consommer, plaire, raccourcir les jupes, porter des chapeaux cloches, s'amuser, danser le fox-trot au rythme des standards de jazz qui électrisent l'Amérique, redonner ses quartiers de noblesse à la musique, la mode et la peinture : tels sont les mots d'ordre d'une décennie qui se relève de la Grande Guerre. À la galerie Bernheim Jeune, événement mondain, on expose Matisse. De son séjour à Étretat, le maître a rapporté une trentaine de marines en rupture radicale avec ses œuvres orientalistes gorgées de couleurs chaudes. Les falaises de craie blanche, le bleu colombe du ciel, le vert opale de la Manche, les cordes des pêcheurs, cobras rampant sur les galets, aucune mouette, des tons fauves, ocre et vieux rose : Julia a envie de tout emporter. Elle se décide pour une fenêtre ouverte sur la mer. Dans l'écrin des persiennes de sa chambre d'hôtel, le peintre a inséré l'horizon azuré qui s'offrait à sa vue, au réveil. Ce cadeau coûteux, cette récompense qu'elle s'autorise, signifie sans doute que son travail avance. A-t-elle achevé son récit sur Sarah ? lui demande Louis, alors qu'ils s'engouffrent tous les deux dans un taxi. Julia effleure la toile de Matisse que le marchand a emballé dans un épais papier kraft et sourit, énigmatique. « Vous aurez la réponse dimanche prochain, murmure-t-elle en serrant le poignet de son amant. »

De retour chez elle, Julia remet à plus tard l'installation du tableau et se précipite sur son manuscrit.

L'ultime chapitre, le plus douloureux, l'attend. Les dernières années, Sarah ne se manifestait plus. Le pacte scellé entre les deux filles-mères était rompu. Et puis, ne tenant pas en place, tâchant de gagner sa course contre le temps et l'argent en jonglant avec les fuseaux horaires, l'artiste changeait de pays comme on change de chapeau. Julia a suivi ses aventures dans la presse, mais pour son livre, elle compte bien en offrir une lecture moins superficielle que ce que les gazettes relatent. Car, de Sarah, elle connaît mieux que quiconque les blessures cachées. Ce dévorant besoin d'être reconnue, admirée, adorée, la discrète a su s'en passer, privilégiant la satisfaction du travail bien fait aux sirènes de la gloire. Pas Sarah. À soixante-six ans, il faut encore qu'elle éblouisse les hommes. À ceux qui ont son âge, elle préfère les tendrons. La tigresse se fait donc les griffes sur un lionceau. C'est l'acteur Édouard de Max, vieux complice de l'époque de l'Odéon, qui ouvre la cage aux fauves. Pour sa prochaine tournée américaine (la huitième !), elle exige qu'il lui expédie un nouvel acteur. C'est urgent. L'ineffable de Max, sorte de Groucho Marx français, rondouillard, bisexuel et mondain, trouve cette recrue dans le petit cercle d'homosexuels opiomanes que fréquente le sémillant poète Jean Cocteau.

C'est à Londres qu'a lieu la rencontre avec l'inconnu. Coup de foudre : grand, mince et racé, désinvolte et cynique, l'individu est blond, bouclé, imberbe. Costume de lin fripé, visage émacié, sourire de faune, deux yeux en amande et une gouaille de canaille teintée d'un accent néerlandais. Ces *r* chantants, ces *s* chuintants lui sont familiers. Comme toutes les femmes de la famille Bernard, il vient des Pays-Bas. Elle en frémit de volupté. Est-ce un signe du destin ? Il a vingt-sept ans, soit presque quarante ans de moins qu'elle. Seigneur ! Il va falloir composer. Une histoire d'amour entre un Adonis et une matrone : ni Euripide ni Racine n'ont envisagé une situation aussi scabreuse. Il lui faudrait un mode d'emploi. Mains dans les poches, l'éphèbe décline son identité à la froufroutante dame qui l'auditionne. Nom et prénom sonnent comme un vers d'Apollinaire. « Lou Tellegen, Lou Tellegen », répète-t-elle, maraboutée par ce mantra. Lou rime avec doux. Lou est en outre le diminutif affectueux de Hlodowig, qui signifie « glorieux » en vieil allemand. Peut-on faire plus exquis ? Cet être étrange est une promesse de gloire. Que tout cela est euphonique, exotique et charmant.

Le poème décoratif est engagé sur-le-champ. Il ne devra pas s'éloigner d'un pouce de sa patronne, laquelle, d'ordinaire assez pingre, lui signe un contrat de quatre ans assorti d'un mirobolant à-valoir sur les représentations à venir. Qui a dit qu'il jouait comme un pied ? Tous les membres de la troupe. Ils connaissent bien la chanson. Cet homme est un double de Damala, un ensorceleur, un escroc, un gigolo qui s'apprête à embobiner Madame Sarah comme le fit jadis le bel Athénien. Tout aussi inquiet qu'eux, Maurice enquête et obtient le désastreux rapport suivant : ce Lou est un chien sans collier. À l'occasion, il peut mordre. Fruit des amours d'un général hollandais et d'une danseuse grecque, il s'enfuit à l'âge de quinze ans, emportant dans ses bagages la maîtresse de son père. Impressionnant début. Pour gagner sa vie, l'original exerce ensuite tous les métiers : escrimeur, boxeur, trapéziste, pilier de casino. De passage à Moscou, ce touriste commet un crime. À Bruxelles, il devient chauffeur de taxi. À Paris, cette gueule d'ange pose pour Rodin avant d'escroquer une de ses amantes, geste qui lui vaut un séjour à la prison de la Santé, dont de Max parvient à l'extraire de justesse. Son sauveur lui dégotte ensuite quelques petits rôles au théâtre de l'Odéon et c'est chez Sarah qu'il case ensuite ce danger public, conscient que son charme pervers remuera la libido de sa vieille amie. Il a vu juste. Le syndrome Damala se reproduit à l'identique. Elle Pygmalion, lui Galatée.

Sur le transatlantique qui vogue vers l'Amérique, Galatée voyage en première dans la cabine capitonnée de l'idole, pique les rôles des autres et des fous rires en scène. Nul, arrogant, il est animé d'une sorte de joie mauvaise. Il semble jouir de tout : de l'envie et des moqueries qu'il suscite, des malheurs qu'il cause alentour. Détesté des acteurs, sifflé par le public, le règne du sulfureux Tellegen va durer quatre ans. C'est un peu long, pour une bluette sans avenir. Mais la directrice a perdu la raison. Certes, il n'a pas le talent de Lucien Guitry ni de Mounet-Sully, mais enfin, chacun sait que c'est elle qu'on vient voir. Alors, qu'importe si la distribution n'est pas homogène. Elle est folle de sa peau douce, de ses manières de voyou, de ses caprices et de ses roueries. Élixir de jouvence, accessoire sexuel, Lou la fait rajeunir à vue d'œil, croit-elle. Reynaldo Hahn affirme qu'il l'a souvent croisé au bordel, qu'il est connu dans les cercles de prostitution masculine. Elle s'en fiche. Une femme qui aime les femmes ne peut reprocher à un homme d'apprécier les hommes.

Mieux : par une nuit alcoolisée, Sarah lisse ses boucles à la brillantine, lui fait des yeux charbonneux et une bouche rouge sanguine, dénude son torse, ajoute une robe décolletée vert gazon, un collier de diamants, des boucles d'oreilles. Au bout d'une demi-heure, Tellegen ressemble à Yvette Guilbert vue par Toulouse-Lautrec. Sarah est enchantée, elle joue avec sa poupée avant de la photographier. Ce cliché perturbant, une dizaine d'amis le recevra par courrier. Ils ne tiqueront pas, habitués à ses provocations. On lui passe tout, depuis toujours : ses multiples amants, ses frasques, ses scandales, ses idées tordues, ses trahisons. Ce n'est pas ce Tellegen qui va changer quoi que ce soit au mode de vie de la petite cour. Qu'il soit le premier symptôme de son déclin, tous préfèrent feindre de l'ignorer. Surtout de Max, responsable du forfait. A-t-il voulu se venger d'elle, lui le bon camarade, qui lui doit tant ? Parfois, elle l'exaspère. Dans un livre qu'il publie, l'acteur s'interroge : « Ai-je aimé, ai-je détesté cette insupportable petite fille ? Ah les crises de cette petite fille ! On a, à tout moment, une envie ardente de l'étrangler. Logiquement, elle devrait avoir été étranglée depuis longtemps. Mais les victimes ont toujours différé de devenir bourreaux parce que nous avons cette curiosité devant l'acte d'un fou ou d'un enfant, ou d'un enfant fou, de savoir s'il arrivera à trouver pire la prochaine fois. »

Une chose est sûre : pire que Lou, l'insupportable petite fille ne trouvera pas. Il sera sa dernière histoire d'amour. Que s'était-elle imaginé ? Cette liaison incestueuse avec un homme plus jeune encore que son propre fils est affligeante. Cette pathétique parodie du duo Phèdre-Hippolyte n'a aucun avenir. Lou prend tout : sa protection, son argent, son influence, et la trompe allégrement. C'est à Hollywood qu'il dit « bye-bye » à sa puissante maîtresse. Maurice est soulagé, Sarah effondrée. Apprécié pour son physique, il tourne quelques films à Los Angeles, y épouse une actrice, en divorce et finit seul, dépressif et morphinomane. Sarah aussi était dépendante de lui. Se sevrer de Lou, drogue puissante, lui prendra un temps fou. Les battements de cœur, l'adrénaline que procure le sentiment amoureux lui sont désormais interdits. Elle compense ce manque en travaillant d'arrache-pied : la scène, le trac, l'adoration du public et des siens lui tiennent lieu de sédatif. Lou à qui elle avait servi de tremplin semblait s'envoler vers la gloire mais vingt ans plus tard, ce don Juan toxique se taillada les veines à coups de ciseaux et périt dans la misère.

Et si c'était elle qui portait la poisse ? se demande Julia. À ce stade de son existence, elle ne peut ignorer l'atroce inventaire. Autour de Sarah, une hécatombe : sa mère, ses deux sœurs, Damala et Tellegen, morts jeunes et opiomanes tous les deux. Dans son sillage, les corps tombent. Elle détruit tous ceux qui l'approchent. Est-elle une petite fille autoritaire et gâtée, un vampire assoiffé de sang neuf ou une artiste qui observe les effets produits par le désespoir afin d'en nourrir ses personnages ? Méfiance. Sarah est double, triple, protéiforme et un peu médium. Quiconque entre dans sa vie en sort essoré. Ayant été élevée par des hétaïres sans scrupule, cette séductrice agit à l'identique, ne connaissant pas d'autre mode de fonctionnement. Elle charme, manipule, trahit et s'enfuit. Ensorcelante comme ces plantes carnivores qui poussent dans son hôtel particulier. On aurait dû l'étrangler depuis longtemps, raille l'acteur de Max. Or, ses potentielles victimes en redemandent. Être utilisé, méprisé, moqué, qu'importe pourvu qu'on appartienne à son premier cercle. Oui, d'elle, confidentes, habilleuses, auteurs et partenaires acceptaient tout et souvent le pire.

Maurice, lui, échappe au carnage. Maurice, garçonnet vénéré à qui elle offrit un poney baptisé « Nacelle » pour le consoler de ne pas s'être envolé en montgolfière avec son intrépide maman. Maurice, toujours vêtu comme un prince, qu'elle dorlota, chérit, maria, remaria (quand Terka décéda, Marcelle la remplaça) et dont elle paya consciencieusement les pharaoniques dettes de jeu. Quand il est dans la salle, le trac qui la tétanise s'évanouit. En interprétant l'Aiglon, c'est à ce fils sans père que cette mère sans père s'identifie. Si elle accepte le rôle de Régine Armand, c'est parce qu'il est autobiographique. Elle y campe le personnage d'une actrice vieillissante qui ne survit pas à la mort de son fils unique. Il y a pire. Dans le mélodrame que lui écrit son homonyme Tristan Bernard, elle est Jeanne Doré, boulangère dont le fils est condamné à mort pour avoir assassiné une jeune fille qui ne voulait pas de lui. La veille de l'exécution, Jeanne se rend, voilée, à la cellule. Le prisonnier, délirant, la prend pour son amoureuse morte. N'osant le détromper, la mère effondrée assiste à une ultime déclaration d'amour qui ne s'adresse pas à elle. En est-elle consciente ? Son répertoire s'appauvrit, se réduisant exclusivement au champ œdipien, le seul qui la motive désormais. Certains parlent même d'inceste platonique. Quant à Rostand, il fait circuler cette boutade dans Paris : « Maurice est un peu le gigolo de sa mère. »

Ce fils est pourtant le seul homme qui ne la déçoive jamais. C'est pour lui qu'elle fait et refait le tour de la terre, l'unique spectateur pour qui elle se surpasse sur scène. L'amour maternel est une promesse de l'aube qu'elle renouvelle chaque jour. Et cet hédoniste le lui rend bien. Pour elle, il se battit trois fois en duel afin de faire taire les langues de vipères qui salissaient son honneur. Pour elle, il eut deux enfants, deux filles, Lysiane et Simone, qui ressemblent trait pour trait à leur divine grand-mère. Pour elle, il édifia le chaleureux cocon familial qu'elle n'avait jamais eu. Dans sa nouvelle tribu, la tendresse coule à flots, entretenue par de somptueux cadeaux, des caresses et des baisers. Des surnoms pour tout le monde : « Mauriçou », « Liseron » et elle, ils l'appellent « Great ». La grande, l'immense ! « Great » sonne *english*, plus chic et racé que « grand-mère ». Au fond, c'est pour les entretenir et leur offrir une vie de rêve qu'elle joue et voyage sans répit.

Entre-temps, le clan s'élargit. Un dramaturge nommé Louis Verneuil séduit Lysiane et l'épouse, astucieux stratagème pour entrer dans les petits papiers de sa grand-mère. De fait, « enverneuillée », Sarah ne jouera plus que ses pièces. Mais ses mélodrames sont censurés en Angleterre. Qu'à cela ne tienne. Pour le « petit-gendre », Sarah adresse un télégramme à la reine Mary et prie sa grande amie de trouver une solution. Le lendemain, la souveraine leva les barrières. En traitant de puissance à puissance, on triomphe de bien des obstacles.

Sarah ne délègue jamais rien : chef d'entreprise, chef de troupe, et surtout chef d'une famille qui comporte cinq membres oisifs et qui s'agrandira quand Simone, qui a épousé un Américain, la fera arrière-grand-mère. Pour eux, rien n'est trop beau. Boulevard Pereire, une chambre pour chaque adoré. À Belle-Île, c'est encore mieux. La célèbre globe-trotteuse y fait construire une vaste maison rectangulaire qu'elle nomme modestement « Les cinq parties du monde ». Maurice colonise « l'Afrique », Liseron annexe « l'Asie », Marcelle « l'Amérique », Simone « l'Europe », les domestiques se contentant de « l'Océanie ». À son fidèle ami, le peintre Clairin, elle réserve un atelier particulier puis, incapable de cacher son adoration pour Liseron, elle ajoute un continent d'affection qu'elle baptise « la villa Lysiane ». Ah les beaux étés de Belle-Île ! En toile de fond : l'océan fougueux qui ceinture le fort, la lande jaune et vanillée qui frémit. Est-ce parce que cette Hollandaise élevée à Paris se souvient de son séjour breton quand elle avait deux ans et que sa gentille nourrice la surnommait fleur de sel ? Elle retrouve ici d'improbables racines. Tout l'enchante :

l'espace infini, les îliens respectueux de son repos, l'air iodé qui la ressource et la met en appétit, elle qui n'a jamais faim. Au début du mois de juillet, les habitants assistent éblouis à l'arrivée spectaculaire de leur légende locale. Bien souvent, en diva, elle affrète un vapeur de la compagnie belle-îloise qui la conduit devant la plage des Poulains, où une chaloupe l'attend, et c'est une exquise comédie que de la voir accoster sur le dos d'un matelot fier de la hisser jusqu'à ses terres en escaladant le petit escalier qu'elle a fait construire à flanc de falaise et qu'on appelle là-bas « le fauteuil Sarah Bernhardt ». D'autres fois, les caisses sont vides et Madame fait comme tout le monde, en grimpant, nauséeuse, dans le petit bateau chaotique qui mène de Quiberon à l'île.

Au Palais, son entrée est un rituel. Enveloppée d'un long manteau de chinchilla, coiffée d'une capeline à voilette serrée sous le menton, Madame Sarah monte dans une victoria attelée de deux alezans, suivie d'un cortège de calèches contenant malles, meubles, animaux, manuscrits, personnel et amis fidèles. Une fois installée au Fort, elle s'agite. Organise le planning de chacun. Décide d'édifier des écuries, une ferme pour y fabriquer son propre beurre, installer une basse-cour et une étable où vaches, taureau, moutons, chiens et chats sauvages côtoient la volière d'un rapace, sans oublier les dizaines de poissons rouges et de canards et les caisses entières de grenouilles qu'on livre régulièrement. Assez vite, estimant qu'ils lui font de l'ombre, l'ogresse achète à prix d'or les vingt-cinq hectares et le château du voisin. Son domaine a enfin l'air de quelque chose. Ce théâtre à ciel ouvert, orné de fleurs, de bassins et de cascades où huit jardiniers s'activent en permanence est digne d'accueillir Édouard VII.

Le voici qui arrive. Son yacht vient de jeter l'ancre au large de la pointe des Poulains. Le monarque a annoncé sa visite pour un *tea time* sans façon. Sarah ajuste ses jumelles et s'offre un fou rire épique en découvrant « Bertie » ballotté comme une sardine dans la baleinière qui le mène chez elle. Un earl grey avec *scones* et quelques charades plus tard, Sa Majesté est repartie, ravie.

Avec « Seura », on ne s'ennuie jamais. Voilà pourquoi la petite cour ne la quitte pas d'un pouce. Outre la famille complète, trente invités et vingt domestiques logent aux Poulains. Le programme est chargé. 6 heures : fusil à l'épaule et casque colonial sur le crâne, chasse aux lapins ou aux mouettes en arpentant la lande. 8 heures : breakfast et liste de consignes. Ensuite, quartier libre. Abbéma et Jojotte peignent, Reynaldo Hahn compose, tandis qu'un étrange Pierrot celtique en chemise de drap blanc, le visage barbouillé de *cold-cream*, les jambes moulées dans des bas de soie, se courbe sur la vase pour capturer des crevettes dans son épuisette. Sarah apprécie ce loisir gratifiant. À la pêche, elle perd. Ici, elle gagne toujours et revient chez elle triomphante, son butin de crustacés grouillant dans un panier d'osier. 13 heures : déjeuner léger, à l'ombre d'un soleil qu'elle redoute pour sa peau de rousse. On feint de s'extasier sur les conserves de légumes et les confitures de prunes qu'elle confectionne. 15 heures : sieste express car elle déteste perdre du temps. 15 h 30 : elle dicte son courrier à Pitou, factotum et souffre-douleur attitré. 18 heures : tennis sur le court qu'elle a fait aménager dans le parc. Jojotte, Maurice et Lysiane font exprès de rater leurs services. Great, elle, sert à la cuiller et exige, comique, qu'on renvoie la balle à la place exacte où elle se trouve car elle n'a pas l'intention de se déplacer. Dans ces conditions, elle remporte évidemment tous les matchs. L'entourage aimant œuvre au bonheur de cette épatante vieille dame.

Mais, note l'hypersensible Reynaldo : « J'observe Sarah pendant qu'elle marche en s'appuyant sur sa canne. Cela me fait mal de la voir souffrir à chaque pas. » Oui, elle souffre sans jamais se plaindre, amour-propre oblige ; la rotule droite est définitivement torpillée. On a tout essayé : poser un matelas sur le plateau pour amortir ses chutes, prescrire des bains de boue à Dax qui n'ont eu aucun effet, et voici que le Docteur Marot vient de la plâtrer. Elle, plâtrée, momifiée, et pour six mois, quelle blague ! Cela ne change presque rien à son quotidien. C'est sa jambe qui souffre, pas elle, se dit-elle en continuant, imperturbable, à programmer ses nouveaux spectacles, ses nombreuses tournées comme si de rien n'était.

Le dimanche, elle se rend à la messe à Sauzon, où les touristes se massent pour l'apercevoir. Conscient des bénéfices commerciaux de sa présence sur l'île, un commerçant a même baptisé sa pâtisserie « Aux gâteaux Sarah Bernhardt ». Si ses finances le lui permettaient, elle s'installerait définitivement sur son royaume azuré, son coin de paradis. Vue d'ici, même la menace de guerre mondiale déclenchée par l'attentat de Sarajevo semble irréelle. À Belle-Île, elle n'est pas une lointaine idole capricieuse, ni la redoutable « Madame Sarah », mais la Parisienne préférée des habitants. On l'estime, on la loue pour sa générosité. Quand une série de tempêtes a décimé les bateaux, mettant des familles entières et des dizaines de pêcheurs au chômage, la comédienne a donné une matinée de gala dont les recettes furent reversées aux malheureux. Et dire qu'on la croyait radine.

Ce plâtre est une guigne. Elle, l'hyperactive, n'a d'autre choix que de s'aliter comme une potiche sur sa chaise longue, dépouillant la presse, qui ne parle que de conflits, de tranchées et de mobilisation. Enfin, on l'en débarrasse. Mais sa jambe est inutilisable, raide et figée. Tant pis, elle retourne à Paris, où l'ami Clemenceau lui apprend qu'elle figure sur une liste noire. Elle sera prise en otage dès que les Allemands débarqueront dans la capitale. Il faut fuir. La famille opte pour Arcachon et loue la charmante villa Eurêka. Ce serait parfait si Great acceptait ce repos forcé. C'est mal connaître celle qui pendant la guerre de 1870 se mua en ambulancière pour aider la patrie. Comment se rendre utile, cette fois ? En prenant la plume. Son style est original, percutant, convaincant. Mettant à profit son aura internationale, l'artiste publie des articles dans des magazines américains et tâche de motiver cette grande nation pour qu'elle soutienne les alliés.

Après un an de combats, cet hiver 1915 est une sinistrose, aggravée par la blessure qui ne guérit pas. Aux grands maux, les grands remèdes. Au Docteur Pozzi, qu'elle appelle « mon Docteur-Dieu », la boiteuse écrit un déchirant billet : « Je vous supplie de me couper la jambe un peu au-dessus du genou… J'ai encore dix ou quinze ans à vivre… Pourquoi me condamner à l'inactivité ? Avec une jambe en bois bien faite, je puis dire des vers et même faire une tournée de conférences. » Puis, haussant le ton, elle conclut par cette menace tragi-comique : « Je me bats l'œil de ma jambe !! Si vous refusez, je me flanque une balle dans le genou et il faudra bien me la couper ! » Maurice subit le même chantage : « Choisis, lui crie-t-elle : ou je me tue ou je me fais couper la jambe ! » On imagine le dilemme. Quant au beau Pozzi, ex-amant mais chirurgien sérieux, il ne cède pas. Il aime et craint trop cette femme pour prendre le moindre risque. Le docteur confie donc sa patiente à un confrère bordelais. Le 22 février, après une longue et délicate intervention, la plus exquise, la plus illustre, la plus irrésistible comédienne du siècle se réveille unijambiste.

Un monstre, une invalide, un phénomène de fête foraine. La voici collègue de la femme à barbe ou de la trapéziste des Batignolles ! En titrant *Sarah Barnum* son récit satirique sur celle qu'elle a toujours jalousée, Marie Colombier avait malheureusement anticipé le drame. L'ensorceleuse, la gracieuse, le serpent qui danse n'est plus une femme fatale mais une attraction de cirque. Aujourd'hui, boulevard Pereire, elle souffle ses soixante-dix bougies. À la fin du repas, tous ses amis viennent l'embrasser. Nul ne fait allusion à la tragique opération. À son habitude, elle trône en bout de table, posée sur sa cathèdre gothique, chiffonnée comme une poupée cassée. Elle si blagueuse se montre taiseuse, ses paupières papillonnent, ses doigts truffés de bagues tambourinent sur la nappe. Elle semble ailleurs, songeuse, fataliste. Elle imagine le pire. Et si on ne venait plus au théâtre que pour la voir sautiller comme un cabri en s'agrippant aux meubles du décor afin de ne pas demeurer statique ? Si elle était devenue un sujet de farce ? On ne peut se fier à la bienveillance du public, cet aggloméra abstrait d'êtres humains dont on ne sait rien, se dit-elle. Ces individus passifs plongés dans l'obscurité, quelles secrètes pulsions les animent ? La nostalgie, l'admiration, l'hostilité ? Seront-ils mus par le voyeurisme ou pire, la compassion ? Ah ça non, *quand même* ! La pitié n'est pas sa tasse de thé, elle méprise ce sentiment, elle l'abhorre. Alors, oui, elle va remonter sur scène mais avant cela, elle exige qu'on lui montre des modèles de prothèses performantes. Offrir son invalidité en pâture à la moquerie, il n'en est pas question.

À la villa Eurêka, Sacha Guitry assiste au défilé des jambes de bois. Un macabre cancan. L'amputée tâche d'en essayer une, puis une autre, avant d'envoyer valser l'inepte objet en injuriant le commerçant. Dès qu'elle l'attache avec une ceinture à sa taille, l'engin de cire se met à se tordre dans tous les sens. Sarah se dandine comme un pantin. L'appareillage n'est pas au point. En conséquence, elle n'utilisera que son membre valide, le gauche. Cette marathonienne ne boite plus, elle saute à cloche-pied, tel un héron malade, sa maigre cuisse supportant le poids de son corps disloqué. Contre toute attente, elle juge cette pantomime hilarante. Et elle en rit, d'un rire de ténor, d'un rire d'enfant. Une pintade à une patte, voilà ce que son miroir reflète. « Regarde-moi, Sacha. *Pof, Pof, Pof* : je fais la pintade, la pintade qui clopine. » Prenant sur lui, Guitry sourit pour sa reine déchue, sa déesse, sa bienfaitrice, sa mère spirituelle. Elle lui répète qu'il ne doit pas s'en faire. Les béquilles ? Elle n'en veut pas non plus, elle aurait l'air d'une douairière, mais elle a trouvé une parade, un stratagème génial. Puisqu'elle passe pour une souveraine, lui dit-elle, il est grand temps d'en adopter l'équipage. Pareille aux princesses d'Extrême-Orient, elle aura désormais un fauteuil pliant Louis XV, assez étroit pour passer les portes d'une voiture ou d'un ascenseur. On y accrochera des brancards amovibles. Un porteur devant, un autre derrière, et hop ! le tour est joué. N'est-ce pas positivement lumineux ?

La mutilée décide en outre qu'elle ne jouera plus que des pièces en un acte. Debout sur sa jambe gauche, elle peut tenir vingt minutes sans problème. Quant à Marguerite Gautier, Roxane ou Fédora, elle couchera ces chères paresseuses sur un divan moelleux. La didascalie étant assez floue sur ce point, elle estime n'enfreindre aucune règle. Sarah est assurément la femme des premières : première star, première actrice globe-trotteuse, première comédienne travestie et enfin première artiste alitée sur scène. Qu'en pense-t-il ? Voyant la mine déconfite de Sacha, elle lui tapote l'épaule et conclut : « Tu ne penses tout de même pas que ces petites contrariétés vont m'empêcher d'assister à tes noces avec ma rose, mon petit Printemps ? Feydeau en sera, n'est-ce pas ? Eh bien moi aussi. Ne t'inquiète pas, chéri. Je serai ton témoin, j'adore ton Yvonne. J'ai même prévu pour l'occasion une perruque en poil de lama qui me fera la tête d'un dogue du Tibet. Ces chiens ont une crinière de lion. Mon palanquin, ma coiffure de fauve. Oh, les photographes vont adorer ça, mon Sacha ! »

Non, ce ne sont pas ces stupides contretemps qui vont l'acculer aux adieux. Et puis la guerre l'obsède. Comment faire pour aider ses compatriotes ? La Comédie-Française a eu la généreuse idée d'envoyer ses comédiens sur le front pour soulager le moral des troupes. Apprenant cela, Sarah téléphone à l'administrateur pour lui dire qu'elle exige d'en être. Embarras extrême du directeur qui : un) n'ose pas lui rappeler qu'elle leur a maintes fois fait faux bond par le passé, et que, deux) une femme âgée et mutilée risque de ne pas supporter les conditions spartiates de cette tournée, et que, trois) quel scandale pour le Français si elle y laissait sa peau !

Il y a toutefois moyen de tirer parti de cette nouvelle excentricité, songe-t-il. Quelle meilleure publicité pour cette campagne patriotique que la présence de Madame Sarah sur le front ? C'est entendu. Il l'autorise à rejoindre les autres. Elle prend donc le train gare de l'Est, avec Lysiane, sa chaise, ses deux porteurs et quelques domestiques. Elle s'engage à jouer dans le froid, sur le front de Moselle, ou dans la Meuse. Elle se produit dans un hôpital, un château, un marché couvert, une grange, sur de la terre battue et trempée. Aucune plainte, pas le moindre caprice, son honneur et celui de la France sont en jeu. Certes, il faut la hisser jusqu'à la guérite qui lui sert de loge. Il arrive qu'elle soit en retard. Puis l'idole apparaît enfin, auréolée de son pelage roux. Après avoir attendu des heures sous une pluie battante la grande dame malade venue soulager leurs peines, trois mille troufions jettent leurs bérets pour ovationner l'unique, l'irremplaçable, l'ineffable légende du siècle. Alors, la figure barbouillée de fard, dissimulée sous une large capeline fleurie, pelotonnée dans sa chaise que prolonge un long manteau de fourrure tigrée, semblable au repos à un petit tas de cendres, la vedette reprend des couleurs, de la fougue, du coffre et redevient la voix d'or que le monde entier envie à la France.

Cette tournée des armées, Julia en fut, elle aussi. Mais lorsque Sarah jouait à Commercy, c'est à Beauvais qu'elle se trouvait. Elles ne se sont pas croisées. Les anecdotes du front, c'est Béatrix Dussane, piquante jeune première du Français, qui les lui a rapportées. Selon Dussane, la vieille dame forçait le respect, ne jouant jamais les divas, se pliant aux règles de la troupe. Émue, Julia décrit donc l'autre Sarah, celle qu'elle admire, celle dont elle aurait tant voulu être l'amie pour la vie. La guerrière, la généreuse, la marrante, la dévouée à sa patrie et à sa famille, la toujours fauchée, rusant avec les huissiers, la tortionnaire pratiquant la terreur et l'autodérision à parts égales. Elle révèle son intelligence acérée, sa vivacité, son goût pour la littérature, sa passion des arts plastiques, sa correspondance avec tous ceux qui comptent dans l'intelligentsia. Malgré tout, le mystère demeure. Où cette enfant mal aimée, mal élevée, puise-t-elle donc cette force de titan ? D'où vient ce *Carpe diem* qu'elle s'est forgé ? Pour elle, chaque minute compte, rien ne doit être laissé au hasard, l'instant présent prime. Cette étrange philosophie provient sans doute de sa peur viscérale du vide, de l'ennui, d'une hantise de la mort qu'elle conjure en s'entourant de vanités. À trente-six ans, déjà, elle avait sculpté un bouffon moyenâgeux au sourire hideux qui caressait un crâne, intitulant cette œuvre de jeunesse « Le Fou et la Mort ». Puis naquit sous ses mains un affreux bronze, une tête, la représentant coiffée de son chignon mousseux et déployant des ailes de rapace. Titre ? « Autoportrait en chimère ». La chimère est un monstre mythologique qui possède une tête de lion et une queue de dragon. Assez souvent, cette bête crache du feu, comme Sarah, qui enflamme les esprits dès qu'elle est sur scène. Tout ce qui relève de l'occultisme la transporte depuis l'enfance. Elle vit et fonce à tombeau ouvert. D'autres objets morbides décorent ses appartements : un squelette baptisé « Lazare », une repoussante chauve-souris velue, griffue et empaillée agrippée à sa psyché, un crâne shakespearien offert par Hugo, une collection de vierges en plâtre, réminiscences de la petite madone posée sur sa table de chevet quand elle séjournait à Grandchamp, et, surtout, ce cercueil en bois de rose matelassé de soie blanche dans lequel elle s'allonge pour apprendre ses textes, caveau d'intérieur qui avait tant choqué et dont elle fit jurer à Maurice qu'il serait son moyen de locomotion pour son dernier voyage, celui dont on ne revient pas.

Cette propension au mysticisme s'accorde avec une époque qui flirte avec le gothique et qui croit aux esprits. Ses choix théâtraux en sont tout aussi imprégnés. Il faut avouer que le surnaturel lui va bien au teint. On l'imagine vêtue de voiles vaporeux, suivie par une cohorte de fantômes. Elle laisse dire, cette aura de magie noire l'arrange un peu. Sachant cela, Victorien Sardou lui propose *Spiritisme*, elle accepte puis récidive en incarnant l'effrayante Zoraya dans *La Sorcière*, et c'est en cartomancienne qu'elle tournera son dernier long métrage. Madame Sarah affectionne les sortilèges. Avec Hugo, toute jeune, elle fit tourner les tables et les têtes. Victor qu'elle vénéra avant de s'en lasser, comme des autres, comme de tous les autres. Il adorait sa signature vocale et sa diction particulière. La tragédienne fusillait les dentales. Quand, dans *Ruy Blas*, la reine déclarait « Hélas mon destin flotte à deux vents opposés », en faisant claquer les « d » et les « t », le public était aux anges, l'auteur aussi. Elle n'a pas changé. Pour se présenter, elle théâtralise son patronyme : « Je m'appelle Sarah Bernharddtttte », dit-elle en matraquant les consonnes pour impressionner l'interlocuteur. D'autres tics phonétiques amusent ses proches. Lucien Guitry a beau lui répéter qu'on prononce « poète » en deux syllabes distinctes, elle s'obstine à articuler « poite ». Une diphtongue burlesque pour railler la morgue des versificateurs. Idem pour les « moites » et les « goilands », pompeux volatiles qu'elle estropie allégrement.

Et après tout, qui oserait lui interdire de modifier les règles lexicales, d'inventer son jargon, d'imposer ses idiosyncrasies quand l'envie lui en prend ? Sarah ne fait que ce qui lui plaît. Contre l'avis général, elle vient d'ailleurs de planifier, en pleine guerre, à soixante-douze printemps et sur une seule jambe, un neuvième tour d'Amérique qui durera dix-huit mois. Dix-huit mois de galère ! À ses chers médecins qui s'époumonent pour l'en dissuader, l'inusable sert un argument imparable. « Ma sacoche est vide, déclare-t-elle. Qui fera vivre Mauriçou et sa nouvelle épouse, Liseron et son mari qui se pique de littérature mais qui n'a pas un sou vaillant ? » Et pour finir de les convaincre, la cabotine lâche, le regard en dessous : « Savez-vous qui a financé mon amputation, messieurs ? » Messieurs sèchent. La réponse fuse, insolite : « Les Rothschild ».

Boiteuse, alitée, couchée, portée, mais armée d'un courage physique inouï, Sarah repart donc conquérir le Nouveau Monde, avec Lysiane dans ses bagages. Soit quatre-vingt-dix-neuf villes, sans compter un stop à Cuba et un séjour au Canada. Julia sait que c'est le manque d'argent qui la pousse à ce surmenage. Mais elle subodore autre chose. Un besoin vital d'aventure, un nomadisme irrationnel qui n'est pas sans rapport avec sa condition de « juive errante » et surtout un incurable goût du risque. L'époque rend tout voyage périlleux. Pour franchir des milliers de kilomètres, il faut emprunter des trains incertains, des bateaux soumis aux intempéries, jongler avec d'inévitables retards techniques. Bref, tout ce que

Sarah, en fanatique du contrôle absolu, déteste. Or, l'exil est son décor favori. Elle le réclame, l'appelle de toutes ses fibres. Pourquoi ? Parce qu'elle prise le dépassement des limites, le flirt avec les gouffres, le duel qu'elle livre avec le destin et, surtout, la sensation de défi qui accompagne ce genre d'exploit.

À New York, on l'appelle « *the super star* ». Être « *number one* » mondiale au théâtre, reconnue pour sa sculpture et sa peinture, ne lui suffit plus. Cette ancienne mauvaise élève veut être au tableau d'honneur dans toutes les disciplines. Comment ? En coiffant au poteau d'autres femmes d'exception. Elle a lu leurs fascinants exploits. L'amusante Annie Cohen Kopchovsky a effectué un tour du monde à bicyclette en quinze mois. Non contente d'infiltrer un asile d'aliénés en se faisant passer pour folle, Nellie Bly, pionnière du journalisme d'investigation, a réalisé un tour du monde en soixante-douze jours, ce qui lui a valu une invitation à dîner de Jules Verne et les gros titres de la presse internationale. Fanny Bullock Workman a escaladé en 1900 les glaciers de l'Himalaya. Quant à Isabella Bird, elle vient d'explorer l'Amérique du Nord en solitaire. Jeunes, instruites, indépendantes, indifférentes au danger, bravant les éléments, la faim, la mort, ces filles sont l'honneur de leur sexe.

À cette poignée d'aventurières, toutes anglo-saxonnes, il faut ajouter une Franco-Belge. Toujours vêtue en homme, cheveux courts, cigarette au bec, changeant d'allure comme de pays, rebelle, bisexuelle et farouche, Isabelle Eberhardt plaît à Sarah. Elle ne se lasse pas d'admirer le cliché qui la montre, déguisée en touareg, turban sur le front, chevauchant seule les espaces désertiques du Sahara. Elle est de la même trempe que ces frondeuses. Oui, avec ses multiples tours du monde, de la Sibérie au Mexique, la Bernhardt est digne de figurer au livre des records des grandes exploratrices. De trente-six à soixante-quatorze ans, elle a passé trente-huit ans à bourlinguer. La moitié d'une vie ! En prenant sans cesse la tangente, que fuyait-elle, au fond ? s'interroge Julia. Ses créanciers, ses amants, ses origines, sa mère qui ne l'aimait pas, sa propre gloire, ou bien elle-même, cette insupportable petite fille qu'on avait envie d'étrangler parce qu'elle ne savait pas qui elle était vraiment ?

En accostant au Havre le 11 novembre 1918, après son ultime tournée américaine, debout sur la passerelle où son public est venu, une fois de plus, acclamer l'enfant prodige, Sarah, vêtue d'une cape de velours taupe, entend scander trois syllabes qu'elle n'ose identifier. Enfin le sens du mot surgit dans sa victorieuse clarté : « Armistice ! Armistice !!! » La légende parisienne revient au bercail le jour où la paix est signée, coïncidence ou subtilité tactique ? À partir de là, tout va bien et… mal.

S'obstinant à faire la nique au temps qui passe, elle offre une version hyperbolique d'elle-même. La directrice du théâtre Sarah-Bernhardt hurle ses ordres. Frappe le sol avec sa canne. Porte un drain, ses crises d'urémie ne lui laissant aucun répit. Ne joue plus que les mélos de son « petit gendre ». Elle ne se maquille pas, elle se grime en vieille poupée de porcelaine. Elle ne pleure plus, elle sanglote. « La gloire est le deuil éclatant du bonheur », assure Mme de Staël. Sarah refuse cette évidence et lutte contre la vieillesse qui est un naufrage. Féroce, cynique, elle résiste de toutes ses forces et feint de demeurer l'unique légende du siècle. Le répertoire tout entier lui appartient, à elle seule. Les débutantes qui interprètent Phèdre, Andromaque, Bérénice, ou même l'Aiglon, son Aiglon personnel, subissent ses sarcasmes. Ces bécasses-là, elles les traitent de vautours. Seul son humour semble intact.

Le dernier été à Belle-Île, en 1922, est celui des adieux. La femme qui vécut dix vies en une doit vendre son fort. Elle y aura passé vingt-six belles années, que rien n'entacha. Parfois, elle dicte à Pitou des notes qu'elle déchire ensuite. Y sont consignées des séquences insolites, comme cette dizaine de films qu'elle tourna, de mauvaise grâce : *La Tosca*, *La Dame aux camélias*, *Adrienne Lecouvreur*. Le cinéma muet, elle l'avait en horreur et elle n'avait pas tort. On la faisait attendre sur un pliant des heures entières avant d'être enfin placée dans l'angle de la caméra. Et tout ça pourquoi ? Pour débiter une minuscule réplique que le réalisateur interrompait en hurlant : « Coupez ! » Comparé à l'excitation que procure la scène, à la joie de sentir vibrer un public qui ne vient que pour vous admirer, cet exercice lui paraît absurde et frustrant. À l'arrivée, aucun applaudissement : des images hachées et tremblotantes, en noir et blanc, la montrant, aphone, croisant l'épée, articulant des phrases incompréhensibles qu'on légendait ensuite en lettres gothiques sur de petits panneaux. Non, à son avis, cet art mineur n'a aucun avenir. L'un de ces films, intitulé *Élisabeth, reine d'Angleterre*, remporta pourtant un triomphe à Broadway, mais ayant mal négocié son contrat, cette « manne » ne lui rapporta que des clopinettes.

Elle revient donc à la scène. Seule dans sa loge, elle s'injecte parfois des doses de morphine afin de tenir deux heures sur le plateau sans flancher. Il faut durer, éterniser, immortaliser sa propre gloire. Son dernier bonheur de théâtre, elle le doit à cette vieille sanguinaire d'Athalie. Pour le songe, elle a une trouvaille. En déclamant le fameux distique : « Dont elle eut soin de peindre et d'orner son visage / Pour réparer des ans l'irréparable outrage », elle innove. Là où toutes les autres actrices auraient lié les deux alexandrins, elle freine, s'interrompt, créant une large césure à la fin du premier vers. Après « son visage », elle marque une pause et casse l'antique mélopée, coup de génie. Puis, adoucissant sa voix, balayant l'espace de ses bras et baissant la tête, elle murmure simplement, tristement, comme une évidence : « Pour réparer des ans l'irréparable outrage ». Un curieux phénomène se produit alors dans la salle. Le public se lève, ému, et l'ovationne pendant de longues minutes. Ce n'était plus Athalie qui pleurait sa jeunesse perdue, c'était Sarah qui tombait le masque, confiant à ces anonymes qui la vénéraient de quoi était faite sa souffrance, son courage et sa combativité. Elle se leva sur sa jambe valide pour honorer les spectateurs. Ce fut un moment de grâce. Tous s'identifiaient à cette héroïne qui venait leur promettre la victoire de la vie sur la mort.

Après cela, plus aucun rôle ne la fit vibrer. Par amour-propre, elle traite par le mépris les mauvaises langues, ceux qui se gaussent de son malheur, ou la surnomment « La Mère Lachaise ». En réalité, cette situation est intenable. Pour une femme d'affaires autoritaire, qui possède son propre théâtre, qui décide, dirige, engage, renvoie, contrôle tout de la tenue des ouvreuses à la température de la salle, qui met en scène les spectacles et les joue, qui a la réputation de ne pas tenir en place, cette immobilité forcée est un calvaire. Où qu'elle aille, quoi qu'elle fasse, la voici tributaire de ce maudit palanquin et dépendante de ses porteurs. Ce nouveau siècle commence décidément mal. Certes, la guerre est finie, mais Sarah pleure ses morts. La grippe espagnole vient de terrasser son meilleur ami, Edmond Rostand. Un de ses patients a assassiné son cher Docteur Pozzi. Et voici que Georges Clairin disparaît lui aussi.

« Jojotte », le boute-en-train de Belle-Île, Jojotte l'ami, l'amant, le portraitiste en chef de l'odalisque. Son regard orientaliste la grandissait, la mincissait, la sublimait, la peignant non pas telle qu'elle était mais telle qu'elle aurait voulu être. On ne se passe pas facilement d'un magicien dont le pinceau vous embellit. Sans Jojotte, elle n'a plus goût à rien. Le chien noir de la dépression approche, elle entend aboyer ce molosse sournois. Voici venir l'hiver de son mécontentement. Depuis qu'elle a fêté ses soixante-dix-huit ans, elle agit de façon mécanique. Obéit à Mauriçou qui s'inquiète pour sa santé déclinante et s'en remet à Sacha, digne fils de son père Lucien Guitry et ami intime de la famille. Il a suggéré qu'elle délaisse son cab trop Belle Époque pour une rutilante limousine. Bien souvent le dramaturge l'aide à y monter en la portant dans ses bras. Tout le monde veut un petit bout de Sarah, un quart d'heure en sa compagnie avant qu'elle ne quitte ce monde. Depuis peu, un jeune ambitieux a même réussi à infiltrer le cercle du boulevard Pereire. Débit mitraillette, tessiture métallique, le désopilant Jean Cocteau semble monté sur ressort. Elle apprécie sa vivacité et ses potins sur le Tout-Paris. Lui l'a convaincue de porter de larges lunettes aux verres teintés d'un bleu apaisant afin de soulager ses migraines.

Cette monture géante lui donne l'air d'une mouche africaine. Elle ne se reconnaît plus, elle l'icône de mode ressemble maintenant à sa grand-mère hollandaise aveugle. Son quotidien est morne : elle joue toutefois un spectacle à Madrid et une pièce de Sacha dont le titre – *Un sujet de roman* – semble être la définition de sa vie. Hélas, même entourée de Lucien et d'Yvonne Printemps qu'elle adore, elle ne peut s'acquitter de cette tâche éreintante, et tombe malade la veille de la première. Ses reins la lâchent.

Un conseil de famille se réunit. Il est évident que Sarah doit faire ses adieux. Sa convalescence s'éternise mais le mental refuse ce que le corps impose. Quelques mois passent et l'ineffable Sacha lui offre un cadeau empoisonné. C'est une surprise épatante qui lui rapportera une petite fortune, assure-t-il. Elle ne doit surtout pas s'en faire. Les efforts à fournir seront dérisoires. Elle sera filmée en gros plan, et toujours assise ou couchée. Il a tout planifié avec un réalisateur américain, Leon Abrams, lequel est d'accord pour installer son équipe technique dans l'hôtel particulier de la star qui jouera – quelle amusante idée ! – le rôle d'une voyante. Mary Marquet et Harry Baur sont de la partie. Devant l'enthousiasme de Sacha à qui elle ne sait pas dire « non », Sarah *plafonne* un instant – pour la forme – puis, accepte et serre la main de son bienfaiteur. C'est parti pour *La Voyante.* On est au mois de mars, il fait froid. On tourne. Les projecteurs l'aveuglent. Toutes les heures, le Docteur Marot lui met des gouttes de collyre. Ces gens qui s'agitent, ces câbles, ces scriptes, ces éclairagistes l'étourdissent. Au théâtre règne un autre climat, plus ordonné, plus prestigieux. Oh, elle déteste le cinéma !

Et de quoi a-t-elle l'air dans cette tenue ? Elle qui fut la plus piquante des ingénues, une Phèdre frémissante, une gracile Jeanne d'Arc, une ensorcelante Cléopâtre, est aujourd'hui déguisée en cartomancienne paralysée, coiffée d'un méchant chignon, un châle à imprimé bulgare sur le buste, avec pour seuls accessoires une stupide boule de cristal et une petite guenon prénommée Jacqueline. C'est une dégringolade, elle le sent bien même si elle n'a plus toute sa tête. Une nouvelle crise d'urémie la dévaste. Mais la grande dame tient à honorer son contrat. Alors, à bout de forces, elle articule des répliques muettes que nul n'entendra jamais. Et recommence : un jour, deux jours, trois jours. Au quinzième jour, elle demande des nouvelles de Jojotte, mort il y a quatre ans. S'enquiert de la nouvelle pièce de la petite Réjane qu'elle aime tant, morte elle aussi, l'an dernier. Récite en bégayant le monologue de Phèdre. *Great déraille*, se dit Liseron. Sa mémoire flanche. Un soir, elle paraît au dîner, amaigrie, comme miniaturisée, flottante dans une splendide robe de velours rose achetée à Venise. Ses intimes sont tous là : Maurice, Lysiane, Arthur Meyer, le patron du *Gaulois*, Reynaldo Hahn, Louise Abbéma, qui fut son amante et qu'elle baptisa « mon vieux général japonais ». À Reynaldo, elle rappelle leur dernier voyage en paquebot à Londres. C'est plus fort qu'elle. Au bord du coma, le monstre sacré veut encore amuser la galerie : « Tu te souviens, Reyny ? J'avais ouvert la porte de ma cabine qui me déplaisait au plus haut point et hélant un jeune Anglais, avec mon détestable accent, je lui avais hurlé : « *Stewart ! Stewart ! bottel* champagne… *aïci, aïci* ».

Le rire incassable s'envole dans les aigus, mais la fatigue est trop forte, le cœur n'y est plus. Maurice la reconduit dans son lit-océan truffé d'oreillers qu'elle tapote et retourne dans tous les sens pour y lire sa devise, « Quand même », gravée au fil de soie. Il se remémore la dernière lettre de sa mère : « Mon fils adoré, mon bien-aimé Maurice, mon cher bonheur. Je te serre sur mon cœur et je baise tes cheveux avec une douce et infinie tendresse. Comme je t'aime, mon fils. » Le bien-aimé s'est figé, serrant la minuscule main de la mourante. Il ne bougera plus de sa chambre. Pendant cette agonie, elle trouvera encore la force de convoquer sa petite-fille et de lui dicter la mise en scène de son propre enterrement. En sanglotant, Lysiane note : l'adresse du cimetière, l'armoire où est rangé son cercueil de jeune fille et le nom des comédiens qui la porteront jusqu'à sa dernière demeure au Père-Lachaise, près de la tombe de Youle, cette mère qu'elle a tant aimée et qui se désintéressa d'elle toute sa vie. La narcissique vieille dame a fait disparaître les miroirs de sa chambre. Leur surface trompeuse réfléchit désormais un corps osseux, des mains blêmes, un teint cireux. Effacés, le fier profil au nez busqué, le port de tête de tzarine, les yeux gris-bleu, vert d'eau ou mordorés selon les variations de son humeur, les paupières ourlées d'une frange de cils et le regard laser qui en une seconde passait de la colère à la tendresse, allumant des lueurs de crainte, de menace ou de défi qui déstabilisaient l'interlocuteur.

De la flamboyante Sarah, il ne reste plus rien de tangible, excepté sa chevelure épaisse, ébouriffée. Ce casque de mèches blondes et rousses, désormais parsemé de filaments neigeux, il y a bien longtemps que sa coiffeuse n'ose plus y toucher. Elle souffre assez comme ça. Lui faire subir la torture du démêlage et des teintures, il n'en est pas question. Sa fin est longue et se double d'un léger délire. « Que le jour recommence et que le jour finisse, sans que jamais Titus puisse voir Bérénice », déclare-t-elle, parfois, hagarde. Des tirades entières lui reviennent en rafales. Racine, surtout, qu'elle a tant aimé et si bien servi. Évidemment, les hommes d'Abrams ont déserté l'hôtel particulier. Ne reste que sa couvée.

Ceux pour qui elle a tout donné, ses seuls vrais amours car ses innombrables liaisons ne l'ont jamais comblée. Et la liste impressionne. Côté hommes : le diplomate turc Khalil-Bey, Félix Duquesnel, le banquier Jacques Stern, l'industriel champenois Robert de Brimont, le marquis de Caux, Charles Haas, Robert de Montesquiou, Paul Déroulède, Georges Clairin, Mounet-Sully, Victor Hugo, Jean Richepin, Gustave Doré, Georges Clemenceau, le Docteur Pozzi, Aristide Damala, Lou Tellegen. Côté femmes : Louise Abbéma, Suzanne Seylor, Jeanne de Gournay, la comtesse de Najac. Tantôt clients ou mécènes, tantôt amants et amantes attitrées, ces trophées savaient qu'ils n'obtiendraient qu'un très bref séjour dans son existence. Ils s'en contentaient, fiers de figurer à son tableau de chasse. Les sentiments, cette tragédienne les mimait sur scène à la perfection sans réussir à les ressentir dans la vraie vie. Insatisfaite, autoritaire, perfectionniste, peu douée pour la tendresse, l'incorrigible petite fille n'aimait pas. Elle jouait à aimer.

Écrivant à Charles Haas, dans ce savoureux style fait de ruptures, d'ellipses et de brusques passages du *vous* au *tu* qui était le reflet de sa cyclothymie, elle analysait bien la chose : « Je t'aime, ne riez pas, cela m'agace... Je sais bien que tu ne m'aimes pas mais fais comme si... Revenez le plus tôt possible, Charles. Quand je découvre un être de qualité, soit physique soit morale, qui représente mon idéal, je brave tout pour aller cueillir cette fleur rare et l'ajouter à mon bouquet... C'est ce qui fait aussi que je suis nerveuse et triste : j'espère toujours que je trouverai le complément direct mais hélas, il est trop indirect ! » Direct ou indirect, quelle importance ? Objet de tous les désirs, sujet de toutes les attentions, aucun homme, aucune femme n'aurait pu compléter ce monstre sacré qui se suffisait à elle-même. Le comprit-elle enfin au crépuscule de sa vie ? Le 25 mars, exténuée, Great demande à recevoir un prêtre, qui lui donne l'extrême-onction. Elle s'éteint le lendemain. Au théâtre Sarah-Bernhardt, où l'on donne *L'Aiglon*, on apprend la nouvelle au milieu du premier acte. Le rideau tombe. Personne n'applaudit. La salle se vide. Les acteurs sont en larmes et la France est en deuil.

DERRIÈRE LE MASQUE

Septembre 1924. *Sarah, derrière le masque* : c'est le titre du texte que Julia vient d'achever. Elle l'a choisi parce qu'il sonne juste et qu'il suggère une forme d'honnêteté. Les feuillets sont reliés sous une couverture cartonnée. Elle compte donner son manuscrit à Louis, son meilleur amant, son meilleur ami. Un an et demi de travail : des recherches, des archives, des lectures, des rendez-vous, des lettres retrouvées, des papiers jaunis. Les caprices, les canulars, les colères et le fou rire de la tragédienne ne l'ont pas quittée un instant. Elle la visualisait sur scène, en chemin de fer, arpentant la banquise, autoritaire et comique. Son charisme la subjuguait, son égocentrisme l'indignait. En écrivant, elle riait, elle pleurait. Son passé resurgissait, intact et fiévreux. Rien d'autre ne la mobilisait tandis qu'elle rassemblait ses souvenirs, mettant en ordre ses impressions. Alentour, pourtant, le monde a changé. Aux élections, le Cartel des gauches a remporté la victoire et c'est le radical Édouard Herriot, un progressiste austère – la très bonapartiste Sarah ne l'aurait jamais reçu boulevard Pereire –, qui a été nommé président du Conseil. Louis aussi a gravi les échelons. Il est devenu rédacteur au service politique du *Gaulois*. Il a les faveurs d'Arthur Meyer.

Cet indéfectible admirateur de Sarah, ce grand homme de presse est très malade. On le dit mourant. Il n'aura donc survécu que quelques mois à son idole. Il lui est arrivé de confier à Louis quelques anecdotes qui ont enrichi le récit de Julia. Meyer était de tous les goûters, de tous les dîners, de toutes les fêtes données dans son hôtel particulier. Secrètement amoureux, il la buvait des yeux : « Quand elle descend un escalier en escargot, il semble qu'elle reste immobile et que l'escalier tourne autour d'elle », raconta-t-il un jour à Louis. Il décrivit aussi cet intérieur baroque et foutraque doté d'ampoules électriques sous chaque feuille de palmier, ses cinq pumas tenus en laisse qui effrayaient les visiteurs et cette peau d'ours rapportée d'Alaska sur laquelle elle recevait, couchée, près d'une cheminée monumentale. Un provincial timide et futé réussit à l'approcher. Il écrivait et vouait un culte à Sarah. Au fur et à mesure, Jules Renard parvint à dominer son trac en sa présence et brossa d'elle un portrait senti : « Maintenant que j'ai brisé l'idole ridicule et gênante que je faisais d'elle, écrivit le rouquin, il reste une femme que je croyais maigre et qui est grasse, que je croyais laide et qui est jolie, oui, jolie comme un sourire d'enfant. » À ce sourire d'enfant terrible, on ne pouvait rien refuser, en effet. Un romancier aussi doué ne pouvait être qu'adoubé par les membres du cénacle.

Si Renard la décrit au repos, chez elle, Rostand, lui, la capte en mouvement, place du Châtelet, en directrice frénétique du théâtre Sarah-Bernhardt : « Cette tornade se précipite, va, vient, enfièvre tout ce qu'elle frôle… met en scène, indique des gestes, des intonations, rugit de rage, se rassied, boit du thé, apparaît au costumier effaré, fouille dans les coffres d'étoffes, compose des costumes, drape, chiffonne redescend pour apprendre aux femmes de la figuration comment il faut se coiffer… rentre dans sa loge pour dîner, s'attable, magnifiquement blême de fatigue en faisant des projets… mange avec des rires de bohémiens, n'a pas le temps de finir. » Tambour battant, elle menait sa troupe. Les journées de cette touche-à-tout s'éternisaient. Rares étaient ceux qui réussissaient à la suivre dans son marathon. On l'observait, médusé, s'activer sur plusieurs fronts, en tacticienne agile. Les plus illustres figures du temps ont donné leur point de vue sur ce tsunami. Un manteau d'Arlequin en surgit. Quelles étoffes siéraient-elles le mieux à son amie défunte ?

Julia tria et retint le canevas de Cocteau : « Quel délire lorsque le rideau jaune s'écartait après la pièce, lorsque la tragédienne saluait… semblable à quelque palais de Venise, elle penchait sous la charge des colliers de la fatigue, peinte, dorée, machinée, étayée, pavoisée au milieu d'un pigeonnier d'applaudissements. » Elle cita aussi Paul Morand, qu'on habillait de velours noir pour aller rendre visite, le dimanche, à la grande dame. Il avait huit ans : « On me faisait traverser Paris pour m'enfermer dans de grandes pièces sombres couleur chocolat étouffées par les tentures et d'épais tapis d'Orient. Tout m'effrayait : les lionceaux, les habilleuses, les femmes de chambre, la serre d'hiver avec ses lys, le cercueil en satin blanc, les fleurs comme dans les enterrements. Toutes ces figures d'acteur sous leur fard, leur peau trouée pleine de gras blanc, leurs dents jaunes, tout me glaçait d'horreur. » Le futur homme pressé chauve et rondouillard en gamin terrorisé ? Une vignette burlesque.

Elle ajouta le délicat napperon ciselé par Colette, qui fut invitée à prendre le café chez la mourante : « Main délicate et fanée offrant la tasse pleine, azur floral des yeux, si jeune dans un lacis de rides, coquetterie interrogative et riante de la tête inclinée et ce souci de plaire, plaire encore, de plaire jusqu'aux portes de la mort. » La séduction, son unique affaire ! Colette fut attendrie par ce trait de caractère. Ces deux sensuelles avaient cela en commun, sans oublier leur assurance adamantine, leur amour des bêtes et leur passion pour les parfums et les eaux balsamiques. Henry James était un fou de théâtre. En écrivant *La Muse tragique*, il s'inspira ouvertement de Sarah qui débutait alors. Julia sélectionna ce passage qui la décrivait en monstre sacré, uniquement occupée à se donner en spectacle, incapable de ressentir le moindre sentiment : « Il ne s'agissait pas du tout de savoir si elle avait ou non des dons d'actrice, elle en avait tant qu'elle était toujours en train de jouer… Sa vie entière consistait en une série de rôles endossés pour la circonstance, sous le regard du spectateur qu'elle voyait ou imaginait chez les gens. Une femme dont l'essence était de "faire croire", de faire croire qu'elle était n'importe lequel de tous ces êtres que vous vouliez qu'elle fût, au point qu'elle ne vivait que mue par un puissant désir de se donner en spectacle, de paraître. Cette femme-là était un monstre chez qui il n'y avait rien à aimer. »

Faire croire, duper : une obsession. Envoûter, hypnotiser, une idée fixe. James a bien senti les défaillances affectives de celle qui confondait la scène et la vie. Et puis, elle garda les phrases de Sarah sur sa pratique, quelques lignes imitées du *Paradoxe sur le comédien* de Diderot. Elle les conserva parce qu'en les lisant, elle croyait entendre sa voix, son débit si singulier, sa diction hachée. Sur ses rôles, elle écrivait ceci : « Je les vis absolument, je n'ai jamais joué Phèdre sans m'émouvoir ou cracher le sang. Si je ne pleure pas, j'ai une crise nerveuse beaucoup plus désagréable pour ceux qui m'entourent. L'entracte est un peu plus long et le public m'en garde rancune. Nous sommes plusieurs de cette école vibrante. Nous pleurons, nous rions, nous souffrons, nous aimons avec nos personnages ; notre vraie vie c'est là-bas, dans le foyer incandescent de toutes les passions vécues et rêvées. C'est le battement de cœur perpétuel, le travail de tête incessant, le regret de n'être jamais parfait, l'espérance de le devenir : c'est l'orgueil de l'exaltation. C'est la névrose aussi, quand nous retombons dans la vraie comédie, celle de la vie... Nous faisons parfois des bêtises et nos grands camarades de la vie ne sont pas indulgents : ils nous traitent alors de cabotins. »

Dans *Comme il vous plaira*, Shakespeare ne dit pas autre chose : « Le monde entier est un théâtre. Et tous, hommes et femmes, n'en sont que les acteurs. Chacun y joue successivement les différents rôles d'un drame en sept âges. » Pour Sarah, il y eut l'âge de l'enfance malheureuse, puis celui de la courtisane, vint ensuite l'âge de la gloire fulgurante, l'âge de la maternité, l'âge des voyages, des amours cruelles enfin, celui de la décrépitude et des amants trop jeunes.

Comme sa trajectoire a été différente de la sienne ! Jamais on ne traita Julia de cabotine. Parce qu'elle se fichait de ce qu'on disait ou écrivait sur elle, parce que le scandale lui faisait horreur, parce que, contrairement à Sarah, elle n'était pas une « nature », mais une actrice sérieuse, disciplinée et sans doute laborieuse. Oui, elle a connu elle aussi le regret de n'être jamais parfaite, l'orgueil de l'exaltation et même la névrose. Oui, elle a admiré, envié, jalousé cette surdouée, ce monstre sacré nommé Sarah Bernhardt, et alors ? Son récit ne dissimule rien sur ce point. Les lecteurs jugeront, elle n'en a pas honte. Le livre est terminé. L'heure n'est plus aux tergiversations. 15 heures. Elle a rendez-vous avec Louis.

La voici dans le jardin semi-circulaire du Petit Palais, épicentre de verdure du lieu. Ce musée n'a que quatre ans. L'architecte Charles Girault prise les espaces traversés par la lumière naturelle, les coupoles transparentes, les verrières et les larges baies. Dans le reflet d'une vitre, Julia déplisse son tailleur de crêpe Georgette mandarine, ajuste la toque couleur corail que vient de lui confectionner Madeleine Panizon. Elle pivote et l'aperçoit montant les marches pour la rejoindre, canotier à la main. Sur le revers de sa veste de tweed, il a épinglé un gardénia qui lui donne un côté proustien.

— Vous connaissez la nouvelle, Julia ?

— Ma foi non, mais qui mieux qu'un des meilleurs journalistes de Paris pour m'édifier ?

— Figurez-vous que le gouvernement d'Édouard Herriot reconnaît l'Union soviétique, l'URSS ! Après la révolution bolchevique… N'est-ce pas fantastique et terrifiant ?

— C'est surtout la marche de l'histoire. Je ne suis jamais allée à Moscou. Sarah, si, à maintes reprises. Le tzar (paix à son âme) la recevait en souveraine et la couvrait de diamants.

— Ah, Sarah ! Deux syllabes que je n'avais pas entendues depuis quelques mois. Mais que tenez-vous dans ce sac ? Je parie qu'il s'agit de votre manuscrit. Vous l'avez terminé ! Quel honneur, ma chérie ! Je le lirai cette nuit et vous donnerai mon opinion demain aux aurores.

— Oui, c'est mon livre, attendez. Vous ne me demandez pas pourquoi je vous ai entraîné ici ?

— Je pensais que nous allions voir une exposition ?

— Oui et non… Suivez-moi.

Julia déambula silencieusement dans les galeries, suivie par un Louis de plus en plus intrigué. Enfin, dans un angle de la salle 23, Sarah surgit. Dans toute sa splendeur passée, mystérieuse, lascive, éblouissante, une gigantesque hétaïre de deux mètres de haut les toise. Malicieux, souriants, ses yeux fendus fixent le visiteur.

— Expliquez-moi, que fait-elle là ?

— Maurice vient d'offrir cette toile de Georges Clairin au Petit Palais. C'était sa favorite, elle ne s'en séparait jamais. Avant sa mort, elle a fait promettre à son fils qu'il en ferait don au musée.

— Mais il existe des centaines de représentations d'elle. Pourquoi celle-ci ?

Julia conta l'histoire de cette pièce qui fut présentée au Salon de 1876 où elle fit sensation, donnant un coup de pouce à la carrière de cette débutante dont personne n'avait encore entendu parler. « Jojotte » y déploie tout son talent. En arrière-fond : la sophistication du décor. Elle vient d'emménager dans le somptueux hôtel de la rue Fortuny. Cette toile est un révélateur, le palimpseste de son destin, le brouillon de sa légende. Elle n'a que trente-deux ans et, déjà, tout est en place. Chaque détail peint par Clairin reflète un morceau de Sarah. Derrière elle, on devine un palmier, une végétation luxuriante, intrigante. Aux pieds du modèle, un lévrier afghan, qui est le prolongement et la matérialisation de l'élégance de sa maîtresse. Les couleurs choisies par le peintre sont éloquentes : vert sombre des murs, rouge garance du sofa mettant en valeur la blancheur neigeuse et diaprée de la robe de dentelles. Peau d'ours polaire en guise de tapis, toilette étagée garnie de plusieurs volants de tulle, de manches en hermine, d'une traîne et d'un faux cul. Cette femme en chignon bouclé dont la carnation nacrée et les lèvres entrouvertes impriment la rétine n'est pas un être ordinaire, mais une sultane, se dit-on. Même immobile, elle semble en mouvement : d'une main, elle agite un éventail en plumes de cygne, tandis que de l'autre elle se tient le front, songeuse. Le décor s'efface subtilement.

On ne voit qu'elle, alanguie, émergeant d'un nuage éthéré, prédatrice nerveuse et très douce. Telle qu'elle la connaît, Julia est sûre que Sarah a téléguidé le pinceau de Jojotte, ne lui laissant aucune marge de manœuvre, dictant ses consignes à l'artiste enamouré qui se serait tué pour elle, exigeant qu'il réduise sa crinière, qu'il affine l'ovale du visage et qu'il allonge à l'extrême ses phalanges. Dans cette affaire de la plus haute importance, l'artiste n'était que l'exécutant. La commanditaire et le maître d'œuvre, c'était elle.

N'agissait-elle pas toujours à l'identique avec son entourage ? Tous étaient instrumentalisés et devaient contribuer à sa gloire. Clairin, elle l'avait assigné à demeure, au plus près du bras. Il gérait son image. Le patron de presse Arthur Meyer dînait presque tous les soirs chez elle : la critique lui était toujours favorable. Edmond Rostand ou Tristan Bernard rappliquaient dès qu'elle les appelait : ils façonnaient ses rôles sur mesure et à la demande. Le banquier Stern était toujours joignable : quand la sacoche se vidait, il la remplissait. Quant aux domestiques, ils servaient à la servir. À chacun, un usage et une fonction précise dont le triomphe perpétuel de Sarah était le but. Un réseau dont ce stratège tirait habilement les fils. Un harem dont elle avait féminisé le rituel.

— Cette toile est tout simplement admirable, Julia. Était-elle vraiment cette déesse de beauté ?

— Elle était ce qu'elle voulait être, Louis, caméléon rusé changeant d'allure, d'humeur et de physionomie selon les circonstances. Un peu sorcière, aussi, fabricante de narcotiques et de potions magiques à ses heures. Le regard amoureux de Clairin la sublime mais il existe d'autres portraits plus ressemblants. En vérité, elle n'était pas très photogénique. Faite pour la scène, les gestes, la mobilité, Sarah était magnétique et picturale. Le cinéma la desservait et elle le savait bien.

— Insaisissable, en tout cas, même pour ceux qui l'ont bien connue, comme vous, chérie. Donnez-moi vite votre manuscrit. J'ai hâte de lire votre version de cette femme mythique qui a chamboulé le siècle.

— Non, Louis, dit-elle, prise d'une transe soudaine.

Louis s'approcha en souriant mais Julia paraissait pétrifiée. Émue, traqueuse, elle recula de trois pas, pour se mettre à l'abri de la géante qui semblait la suivre de son regard acéré, comme si du haut des cimaises elle allait lui jeter un sort. Puis, se saisissant de son sac, elle déchira soudainement les pages du livre, rapidement, nerveusement. Louis l'observait, consterné.

— Que faites-vous, Julia ? Arrêtez, je vous en prie. Presque deux ans de travail ! Vous n'allez pas tout réduire en miettes ?

Julia sanglotait, maintenant. Assise sur un banc au fond de la salle, elle froissait le papier puis le pétrissait en boules qu'elle fourrait rageusement au fond de son sac. Louis se glissa près d'elle et lui tendit un mouchoir avant de l'enlacer tendrement. Inutile de la raisonner. Les mots étaient vains, il l'avait bien compris. Dix minutes plus tard, ils quittaient le Petit Palais. En marchant dans le parc ombragé de l'avenue Franklin-Roosevelt, sa crise s'apaisa peu à peu. Louis tenait sa main serrée dans la sienne, silencieux. Elle s'immobilisa sous un grand tilleul et lui dit :

— Vous me prenez pour une folle, moi-même, j'ai été étonnée par ma réaction. Mais cette pulsion destructrice a un sens. J'ai cru que je voulais vous montrer cette toile que je connaissais depuis longtemps, l'ayant vue chez Sarah qui la trimballait dans tous ses déménagements. Ma motivation était ailleurs. Je viens d'en prendre conscience. Je suis allée la voir, comme on consulte une pythie. Pour qu'elle me donne son accord, qu'elle approuve ma démarche. C'était de la pensée magique, si vous préférez. Et pour être tout à fait honnête, de manière latente, ma décision était déjà prise en quittant l'appartement. Sur le trajet, je voulais et je ne voulais pas publier ce récit. Un combat se livrait en moi et je me sentais impuissante. Et puis, devant le tableau de Jojotte, j'ai cessé de me mentir à moi-même. Ce moment eut la clarté d'une évidence. Sarah me disait, par télépathie : « N'écris rien, ne dévoile rien, ne deviens pas mon ennemie, garde les secrets qui nous lient et cet amour de mère que nous partagions. Ta douleur d'avoir perdu un fils, je la comprenais. Ne la transforme pas en acte rageur en salissant ma légende. » Sa légende, Louis, elle n'avait que ça et elle y tenait. Là résidait sa fragilité, son humanité et sa grandeur.

Louis comprenait parce que Louis aimait. Il se sentait étrangement soulagé par ce renoncement. Julia allait se remettre à son travail d'aquarelliste. Il savait que bientôt, il emménagerait chez elle et que plus rien, pas même Sarah, ne pourrait les séparer. La vie serait douce, sereine et ludique. Avant Julia, Louis collectionnait les liaisons brèves et sans saveur. Il ne s'investissait pas. Elle avait fait de lui un homme épris. N'avaient-ils pas tous les deux gagné le droit au bonheur ? À cette ensorceleuse dont il gardait en mémoire le regard perçant du tableau de Clairin, il adressa mentalement un signe. C'est à ce génie de la scène qui vécut à cent à l'heure, à cette magicienne de chaque instant qui transcendait tout ce qu'elle touchait, c'est à cette insupportable petite fille qui n'avait jamais grandi, qu'il devait sa rencontre avec Julia. Oui, il adhérait à l'étrange décision de sa maîtresse. De cette femme hors norme, solaire et colérique, capable d'élans de générosité et d'étincelles d'altruisme, Julia Bartet ne ferait pas tomber le masque. Tant pis si d'autres s'en chargeaient un jour. Pour eux, elle resterait éternellement la seule et l'unique. Tragique et comique à la fois, triomphante, orgueilleuse, scandaleuse et divine Sarah Bernhardt.

TABLE

Cet ouvrage a été composé par
Facompo
à Montrouge (Hauts-de-Seine)

Pour plus d'information :

Imprimé sur du papier issu de forêts gérées durablement.

Imprimé en France en juillet 2023
par l'Imprimerie Maury S.A.S. à Millau (12)
pour le compte des Éditions de l'Archipel
département éditorial
de la S.A.S. Écriture-Communication

N° d'édition : E05362/02
Dépôt légal : février 2023
N° d'impression : G23/73507S